アクティブ・ラーニングの評価がわかる!

西川 純　JUN NISHIKAWA

学陽書房

アクティブ・ラーニング時代の評価とは？

　こんにちは、西川です。本書を手に取っていただきありがとうございます。これからみなさんと、アクティブ・ラーニング時代の評価について考えていきましょう。

　はじめに、みなさんはなぜ「評価」の本を手に取っているのでしょうか？

　えっ？　と思われるかもしれません。しかし、これはとても凄いことですよ。

　だって、みなさんの同僚の多くはどうでしょうか？　さすがに「アクティブ・ラーニングって何？」という状態の人は少なくなったと思います。しかし、多くの人は「アクティブ・ラーニングを実際に推進するには、どうすればいいの？」という段階で、評価にまでは思いがいたりません。

　なぜでしょうか？　その人達は基本的に「いまのままでいいんです」という考えなのです。だから、評価も当然「いまのままでいいんです」ということになります。そのため、ことさら学ぼうとしません。

　本書を手に取っている方は「アクティブ・ラーニングを推進しなければならない」と思っているだけでなく、すでにアクティブ・ラーニングの実践を検討している方や、実際に始めている人なのだと思います。だから、「とても凄いこと」なのです。

　では、その「とても凄い」みなさんが評価を学ぼうとしているのはなぜでしょうか？　それにはいろいろな理由があると思います。

　たとえば、学校のみんながアクティブ・ラーニングに及び腰の中、あ

なたが一歩前に足を踏み出したがゆえに、「こんなに子ども達を自由にさせて大丈夫なの？」「これだけのことをやるのだったら、ちゃんと評価しているのでしょうね？　そうでなければ説明責任は果たせないよ」ということを言われて、評価を考え始めた人もいるでしょう。

　不思議なことです。学習指導要領の進むべき方向に一歩先んじているにもかかわらず、それに対して「圧力」？をかけられるなんて。しかし、いたし方ありません。組織の中にいて、一歩先んじようとするならば、横並びと違って理論武装も必要ですし、確実な成果も上げなければなりません。

　本書は、そんなあなたのための本です。

　最初に申し上げます。私は『学び合い』（二重括弧の学び合い）という理論によるアクティブ・ラーニングの授業を全国の先生へ提案しております。『学び合い』の詳細については巻末の「読書ガイド」をご覧ください。ただし、本書を理解するために『学び合い』を理解することは必須ではありません。

　アクティブ・ラーニングは子ども達が主体的・協働的に学ぶことによって深い理解にいたる学習です。当然、子ども達が自由に関わる時間を設けるでしょう。もちろん、その時間を毎時間設けるか、周期的に設けるかは各先生の判断ですが、それが皆無ということはありえません。その時間を頭に思い浮かべてお読みください。きっとすんなりと理解できると思います。

　さあ、始めましょう。

上越教育大学教職大学院教授

西川　純

目 次

アクティブ・ラーニング時代の評価とは？ ── 2

第1章 「勉強のための勉強」ではなく、生き抜く力を本当に育てなければならない時代がやってきた

新学習指導要領が示す新しい教育改革 ── 10

次期学習指導要領で、
　教師は何を変えるべきなのか？ ── 12

アクティブ・ラーニングで評価すべきこととは？ ── 14

これからは授業が「汎用的能力」を
　育てたかどうかに注目すべき！ ── 16

アクティブ・ラーニングが目指すべきもの ── 18

アクティブ・ラーニングへの対応は
　「待ったなし」の状態 ── 20

COLUMN　したたかに対応していきましょう ── 22

第2章 評価の基本的な考え方を押さえよう

変な無理はしなくていい —— 24

評価基準をそのまま事前に児童・生徒に公開しよう —— 26

目標と授業と評価を一致させよう —— 28

小難しい評価方法はまったくやらなくていい —— 30

通知表はテストの成績と、
　振り返りによる自己評価でつけよう —— 32

COLUMN いまやるべきことは何かを見極める —— 34

第3章 個人の学びの質を高める評価手法とは？

評価の基準はいまのままでいいのです —— 36
「振り返りカード」を使った自己評価の実践 —— 38
振り返りカードで教科それぞれを把握しよう —— 42
実践事例　小学校での振り返りによる
　　　　　自己評価の実践　阿部友貴 —— 44
実践事例　中学校での振り返りによる
　　　　　自己評価の実践　福島哲也 —— 46
実践事例　高校での振り返りによる
　　　　　自己評価の実践　鍋田修身 —— 48
意外にも自己評価は正確に実態を反映する —— 50
アクティブ・ラーニングと自己評価 —— 54
具体的な通知表のつけ方 —— 56
COLUMN　アクティブ・ラーニングの評価の
　　　　　難しい部分はどこ？ —— 58

第4章 集団の学びの質を高める評価手法とは？

アクティブ・ラーニングでは
　集団の状態を評価する必要がある —— 60

アクティブ・ラーニングがうまくいっているかどうか、
　集団の流動性に注目しよう —— 62

2人グループが多いクラスは不安が強く、
　学びが進まない —— 64

教師との距離感に注目しよう —— 66

教師にあまり頼らないクラスをつくると
　学習がうまくいく —— 68

テストの点数分布に注目しよう　クラスで汎用的能力が
　育っているかどうか評価する指標になる —— 70

子ども達を評価するとはどういうことか —— 72

COLUMN 『学び合い』によるアクティブ・ラーニングの
　ノウハウ —— 74

第5章 これからの日本の教育の方向性とは？

教師も知っておきたい、これからの日本の状況 —— 76

学校は本当に子どもの生きる力を育てているのか？ —— 78

小学校だから、中学校だから、高校だから
　という甘えは許されない —— 80

エリートのための入試改革 —— 82

一般の入試改革はどうなるのか —— 84

これから重視されるのは「協働」できる力である —— 86

進学の常識が変わる —— 90

アクティブ・ラーニングで男女の交流を —— 94

地域ネットワークの重要性 —— 96

カリキュラム・マネジメントと評価 —— 98

COLUMN 序列崩壊で新しい大学教育が始まる —— 102

読書ガイド —— 103

第1章
「勉強のための勉強」ではなく、生き抜く力を本当に育てなければならない時代がやってきた

>>>>>>>

　アクティブ・ラーニングに対応した評価をするとしたら、どんな評価を思い浮かべますか？　おそらく、「子どもが授業中に何回手を挙げたか」といったことを思い浮かべるでしょう。しかしそれは、「アクティブ」という言葉から思いついたことを短絡的に挙げているにすぎません。

　アクティブ・ラーニングは思いつきではなく、日本の文部行政の基本的な方向性として示されたものです。本章ではまずそれを押さえましょう。

新学習指導要領が示す
新しい教育改革

▶ 文部科学省はずっとこの改革を意図してきた

　下村・元文部科学大臣が平成26年11月に『初等中等教育における教育課程の基準等の在り方について』を中央教育審議会に諮問しました。次期学習指導要領をどうするかという諮問です。

　その時、マスコミは一斉に「アクティブ・ラーニング」という言葉を報じました。多くの方はその時にはじめてアクティブ・ラーニングという言葉に接したと思います。

　「何だろうな〜」と思っているうちにアクティブ・ラーニングが教育に関する最大のキーワードになり、気がつけば大きな書店の教師用図書の棚にはアクティブ・ラーニング関係の本があふれるようになりました（私の本もそうです）。

　さて、冷静になりましょう。

　現行学習指導要領は平成20年1月の『幼稚園、小学校、中学校、高等学校及び特別支援学校の学習指導要領等の改善について（答申）』に基づくものです。これはネットで公開されていますので、ぜひお読みください。

　その際はあわせて、現行学習指導要領の「総合的な学習の時間」や「言語活動の充実」もお読みください。

　読んでみれば、「総合的な学習の時間」も「言語活動の充実」も、アクティブ・ラーニングとの違いがないことがわかると思います。

そうです、現行学習指導要領で「言語活動の充実」というキーワードを使った結果、国語と英語でやっておけばいいという誤解が生じたために、そのような手垢にまみれたキーワードの代わりに、アクティブ・ラーニングという言葉が打ち出されたのです。それは、平成20年4月に高等教育の改革のために中央教育審議会から出された『学士課程教育の構築に向けて（審議のまとめ）』から言葉として使われており、平成26年12月（冒頭にふれた、下村・元文部科学大臣の諮問と同じ時期であることに着目してください）の『新しい時代にふさわしい高大接続の実現に向けた高等学校教育、大学教育、大学入学者選抜の一体的改革について（答申）』から前面に出されたのです。

文部科学省はずっと、この改革を狙ってきたといっていいでしょう。

▶ 学習指導要領で「教え方」を規定するのは初めて！

次期学習指導要領が、いままでの指導要領と決定的に違う第1の特徴は、学習指導要領の中で学習方法（指導方法）を指定している点です。 えっ？　と思われるかもしれませんね。現学習指導要領をよく確認してみましょう。そこには、基本的に学習すべき内容と扱い方は書いてあります。しかし、それをどのように教えるかに関しては抽象的な記述にとどまっています。

ところが次期学習指導要領では、「アクティブ・ラーニング」という指導方法を全教科において前面に出しているのです。

日本の文部行政は、日本の教育が優秀であることを前提としています。したがって、授業の具体に関しては方向性を示すにとどめ、細かい指定はしません（少なくとも国レベルでは）。

しかし、16ページで示すように、「アクティブ・ラーニング」で何を実現すべきかという目的は、明らかに示されています。その目的に沿った形で授業の具体を考えていきましょう。

次期学習指導要領で、教師は何を変えるべきなのか?

▶ 学習指導要領が大学入試改革とリンクしている!

　次期学習指導要領がいままでの学習指導要領と大きく違う第2のポイントは、大学入試改革とリンクさせている点です。
　子どもや保護者にとっての関心事は、「どんな学校に進学できるか」です。どんな高邁な理想を掲げても、「それで高校(大学)に進学できますか?」と聞かれ、それに説明できなければ保護者を納得させることはできません。学習指導要領より高校教育に影響力があるのは大学の入試です。学習指導要領より中学校に影響力があるのは高校の入試です。

　そのため、大学入試を改革すれば、それは高校教育のみならず義務教育にも影響をもたらすことになります。

　ということはずっと前から周知の事実です。しかし、そこに手をつけることはいままでの教育改革では「禁じ手」となっていました。
　今回の教育改革では、そこに手をつけたことが大きな特徴です。大学入試改革は文部科学省高等教育局のマターであり、学習指導要領は初等中等教育局のマターです。それらがリンクするには文部科学省全体の意思がなければ成り立ちません。
　文部科学省がこの禁じ手を使ったのは初めてのことなのです。

▶ 具体的に、教師は何を変えるべきなのか？

　文部科学省は今回、明治の近代学校教育の成立以降やっていなかったことをやったのです。現場の学校教育が「いまのままでいい」わけはありません。

　しかし、「アクティブ・ラーニング」という言葉がひとり歩きしてしまったがゆえに、授業をどう変えるべきなのか、評価をどう変えるべきなのかという「変える」というところばかりに誰もが目を奪われすぎている状態に見えます。

　もちろん、次期学習指導要領へと移り変わる中で、「いまのままではダメ」なところもあります。しかし、実は、「いままでのままでいい」ところもあります。

　残念ながら「いままでのままでいい」ところを変えようとして、「いままでのままではダメ」なところに目が向いていないのが現状です。私が本書を書こうと思ったのは、その現状を憂慮しているからです。

▶ 目的と手段を取り違えないことが大事

　現状、アクティブ・ラーニングについては、「アクティブ・ラーニングで何を達成すべきなのか」という、本当に大事な「目的」の点が注目されていないように見えます。

　児童や生徒をどう外見的に「アクティブ」な様子にさせるか、そして、その「アクティブ」な様子をどう評価するか、という表面的なところに目を奪われすぎています。「何をアクティブ・ラーニングで達成すべきなのか」「その目的を達成したかどうかをどう評価するのか」ということが見失われているようです。

　本書ではその目的を明確にした上で、その目的に沿った評価の在り方と評価方法をまとめました。

アクティブ・ラーニングで評価すべきこととは？

▶ 定義されていない力は測れない

　みなさんも、授業力評価を受けたことがあると思います。たとえば、「授業のレベルは適切か？」「声は聞き取りやすいか？」「板書の字は読みやすいか？」「授業進度は適切か？」「テストや課題の頻度・量は適切か？」という質問に子どもが回答し、その結果に基づき授業力が評価されるのです。

　さて、研究者の一人として断言します。授業力を上記のような因子で分解できるという意見で、学会が一致したことはありません。教育に関する各学会どうしで、その見解が一致していないというのではありません。ひとつの学会の中ですら一致しておらず、百家争鳴の状態なのです。

　理由は簡単です。物理現象ではない生物（この場合、授業を受ける子ども）の反応に関して、分解した後、統合した結果が有機的に意味を持つかは非常に疑問だからです。そもそも「授業力」なるものがなんであるか、わかっていないのです。これでは百家争鳴になるのは当然です。

▶ さまざまな表現で描かれるアクティブ・ラーニング

　文部科学省はアクティブ・ラーニングに関してさまざまな表現を使っています。たとえば、本書10ページで紹介した平成26年の次期学習指導要領の諮問においては「主体的・協働的に学ぶ学習（いわゆる「アクティブ・ラーニング」）」という言葉を使っています。その後、「「主体的・

対話的で深い学び」の実現（「アクティブ・ラーニング」の視点）」という言葉も使うようになっています。

　しかし、いずれもアクティブ・ラーニング自体を記述していません。前者は「いわゆる」という表現ですので、「「主体的・協働的に学ぶ学習」≒「アクティブ・ラーニング」」を意味しています。後者の場合は「主体的・対話的で深い学び」がアクティブ・ラーニングの視点であると書いています。

　では、アクティブ・ラーニングをどう定義すればよいのでしょうか？

アクティブ・ラーニングの定義とは何か？

　文部科学省がおそらくはっきりとした定義を示したのは、平成20年4月の『学士課程教育の構築に向けて』という高等教育に関する中央教育審議会の審議のまとめにおいてです。その中で「伝統的な教員による一方向的な講義形式の教育とは異なり，学習者の能動的な学習への参加を取り入れた教授・学習法の総称。学習者が能動的に学ぶことによって，後で学んだ情報を思い出しやすい，あるいは異なる文脈でもその情報を使いこなしやすいという理由から用いられる教授法。発見学習，問題解決学習，経験学習，調査学習などが含まれるが，教室内でのグループ・ディスカッション，ディベート，グループ・ワークなどを行うことでも取り入れられる」と書いています。

　この文章はいろいろな読み方ができます。とくに後段では、思いつけるだけの方法を列記して「等」をつけています。そして、「教授・学習法の総称」と述べているのです。つまり、「何でもあり」です。よほどのガチガチの一斉指導でない限り、それはアクティブ・ラーニングとなります。

　このような「何でもあり」のアクティブ・ラーニングの因子を分析し、それを評価して意味があるでしょうか？　私はないと思います。

　評価すべきことはほかにあるのです。

これからは授業が「汎用的能力」を育てたかどうかに注目すべき！

> 目的はこんなにはっきり明示されている！

　平成24年8月に中央教育審議会が『新たな未来を築くための大学教育の質的転換に向けて～生涯学び続け、主体的に考える力を育成する大学へ～（答申）』を出しました。

　そこには15ページで紹介した『学士課程教育の構築に向けて』と同様に、アクティブ・ラーニングの定義が書かれています。大部分はまったく同じです。しかし、下線の部分が変わっています。

　「教員による一方向的な講義形式の教育とは異なり、学修者の能動的な学修への参加を取り入れた教授・学習法の総称。学修者が能動的に学修することによって、**認知的、倫理的、社会的能力、教養、知識、経験を含めた汎用的能力の育成を図る**。発見学習、問題解決学習、体験学習、調査学習等が含まれるが、教室内でのグループ・ディスカッション、ディベート、グループ・ワーク等も有効なアクティブ・ラーニングの方法である」、つまり、最終的に決まった答申におけるアクティブ・ラーニングの定義は「後で学んだ情報を思い出しやすい，あるいは異なる文脈でもその情報を使いこなしやすいという理由から用いられる教授法」から、「**認知的、倫理的、社会的能力、教養、知識、経験を含めた汎用的能力の育成を図る**」に変わったのです。

　審議経過の議事録を読むと、最後の最後に変更が加えられた部分です。私は、こここそがアクティブ・ラーニングの肝だと思っています。

　ここで注目すべきは「認知的、倫理的、社会的能力、教養、知識、経

験の能力」ではなく「認知的、倫理的、社会的能力、教養、知識、経験を含めた**汎用的能力**」と書いている部分です。

　いままで日本の教育は、知・徳・体の３つに分かれていました。知は教科学習、徳は道徳・特活、体は体育、それぞれ伸びれば自ずと３つが融合されると考えていました。しかし、現実がそんなものではないことは、社会生活を過ごしている大人ならば常識でしょう。頭はいいけどイヤなやつ。性格はいいけど能力はない人。そんな人も少なくないですよね。だから３つバラバラではダメなのです。それが、この部分に現れています。

▶ この目的に合致する授業とはどういうものなのか？

　アクティブ・ラーニングの評価のうち、以下の２つのうち、どちらが正しいでしょうか？

1　「子どもの発言回数」「教師の発言時間」「子どもの作業量」など、主体、協働、もしくは対話などに関係すると思われることを列挙してみる（ただし、先に述べたように学術的な根拠はありません）。それらの観点で高得点の授業を目指す。
2　「認知的、倫理的、社会的能力、教養、知識、経験を含めた汎用的能力」とは何かを理解し、それを伸ばす授業はどうあるべきかを考える。そして、「認知的、倫理的、社会的能力、教養、知識、経験を含めた汎用的能力」を自分なりに定義し評価する。

　正しいのは、明らかに後者です。
　目的を分析できて因子を抽出し、各因子の結果の合算が目的に正の相関があることが明らかになれば、上記の２つは一致しています。しかし、先に述べたようにそれらはあいまいです。それゆえ、後者のように「認知的、倫理的、社会的能力、教養、知識、経験を含めた汎用的能力」は何かを追求すべきなのです。

アクティブ・ラーニングが目指すべきもの

▶ 「生きる力」とは何だったのか？

　平成8年7月に出された『21世紀を展望した我が国の教育の在り方について（第一次答申）』には以下のように書かれています。

> 　我々はこれからの子供たちに必要となるのは、いかに社会が変化しようと、自分で課題を見つけ、自ら学び、自ら考え、主体的に判断し、行動し、よりよく問題を解決する資質や能力であり、また、自らを律しつつ、他人とともに協調し、他人を思いやる心や感動する心など、豊かな人間性であると考えた。たくましく生きるための健康や体力が不可欠であることは言うまでもない。我々は、こうした資質や能力を、変化の激しいこれからの社会を［生きる力］と称することとし、これらをバランスよくはぐくんでいくことが重要であると考えた。

　これは、現行学習指導要領の「生きる力」についての考え方です。
　「確かな学力」「豊かな人間性」「健康・体力」をバランスよく育てることによって生きる力を獲得できるという、旧来のモデルです。
　しかし、どうバランスをとったらいいのでしょうか？　そもそも「確かな学力」「豊かな人間性」「健康・体力」がどのように影響し合うのかがわからない状態でバランスをとれるわけありません。

▶ アクティブ・ラーニングで育てるべきもの

　アクティブ・ラーニングとは、3つをどのようにバランスをとるかの

答えだと私は思っています。具体的にはどうするとよいのでしょうか？

「確かな学力」「豊かな人間性」「健康・体力」をバラバラに育てるのではなく、それらの３つが「同時」に必要な状況で学ばせるのです。つまり、「確かな学力」「豊かな人間性」がないと「健康・体力」が獲得できない状況、「確かな学力」「健康・体力」がないと「豊かな人間性」が獲得できない状況、「豊かな人間性」「健康・体力」がないと「確かな学力」が獲得できない状況で学ぶのです。それが「協働的」であり、人と人との関わりの中で学ぶ意味です。

「確かな学力」「豊かな人間性」「健康・体力」のバランスの取り方は一人ひとり違います。たとえば、「確かな学力」が弱い子の場合は、「豊かな人間性」「健康・体力」を伸ばして、その子の生きる力を獲得すべきです。また、「豊かな人間性」が弱い子の場合、「確かな学力」と「健康・体力」を伸ばして、その子の生きる力を獲得すべきです。「健康・体力」が弱い子の場合、「確かな学力」「豊かな人間性」を伸ばして、その子の生きる力を獲得すべきです。

その子の獲得すべき生きる力は一人ひとり違います。学年やクラスで一括できるものではありません。だからこそ「主体的」であらねばならないのです。

このように考えるとき、アクティブ・ラーニングと生きる力の関係が明らかになり、アクティブ・ラーニングで主体的・協働的であることが重視される理由も明らかになります。

アクティブ・ラーニングとは、知・徳・体を融合した能力を獲得するために、主体的・協働的な教育を行うことなのです。

したがって、アクティブ・ラーニングの評価とは知・徳・体を融合した能力（定義によれば、「認知的、倫理的、社会的能力、教養、知識、経験を含めた汎用的能力」）が育っているか否かで評価すべきなのです。

この知・徳・体の融合の意味をわかるために、もう一歩踏み込んで考えてみましょう。

アクティブ・ラーニングへの対応は「待ったなし」の状態

> 「面倒」だけれど、もはや避けられないこと

　知・徳・体を融合した教育を実現することは、文部科学省はもちろんのこと我々教員にとっても「面倒」で避けたいものです。なぜなら、現在の教員養成システムやカリキュラムは知・徳・体を別々に育てることを前提としており、その根本的な前提を壊さねばならなくなるからです。

　たとえば、教員養成系大学の組織は「学校教育」と「教科教育」に分かれているのが通例です。免許取得のための単位も教職科目と教科科目に分かれています（いま、それを分けないことが検討されていますが、はたして偶然でしょうか？）。学校の授業も教科科目と道徳と特活では分けられています。

　たとえば、数学の授業で「わかったか？」は問われますが、「人として正しいだろうか？」とは問われません。逆に道徳の授業で「人として正しいだろうか？」は問われますが、「わかったか？」とは問われません。

　その垣根を崩すとしたら、かなりの理由があるはずです。

　それを理解するためには、16ページで述べた文部科学省高等教育局関係の中央教育審議会の文章のみならず、初等中等教育局関係の中央教育審議会の文章の最初の部分をお読みください。そこでは、日本社会の危機的な状況が数値で示されています。

▶ 世界の変化が日本を取り残そうとしつつある

　簡単にいえば、昔だったら「社会は変わります、だからそれに対応できる子どもを育てましょう」で済んでいたことが**「このままでは日本は大変なことになります。だから教育を抜本的に変えねばなりません」**という表現に変わってきたのです。

　このことをわかりやすく理解するには、文部科学省の文章の「社会」という言葉を「企業」に置き換えてください。その時、アクティブ・ラーニングを急ぐ文部科学省の焦りがわかります。

　高等教育局は、日本人の数パーセントが担うトップエリートの養成を急いでいます。そうしないと、日本の産業が成り立たないからです。一方、初等中等教育局は残りの9割以上の子どもの未来を見据えています。数パーセントのトップエリートがいままで以上の生活ができるのに対して、残りの9割以上がいままで以下の生活になることを避けようとしているのです。

　残念ながら、いまの日本では非正規雇用が増加しています。正規雇用であったとしても、終身雇用が崩れつつあります。また、企業自体の寿命も短くなっています。

　今回の改革における知・徳・体を融合した能力（定義によれば、「認知的、倫理的、社会的能力、教養、知識、経験を含めた汎用的能力」）を育てるアクティブ・ラーニングとは、額面通りの意味で「餓死・孤独死しないための教育」だと思っています。

　そして、「死なないための汎用的能力」を育てるための「評価」が必要なのです。

注　この日本の逼迫した状況の詳しい内容は『親ならば知っておきたい学歴の経済学』（学陽書房）、『サバイバル・アクティブ・ラーニング入門』（明治図書）をお読みください。とんでもないことがすでに起こっていることに驚かれると思います。

COLUMN

したたかに対応していきましょう

　この章を通じて、方法を評価する愚かさを述べました。
　しかし、残念ながら、これから生まれる評価の圧倒的大多数は「アクティブ・ラーニングをしたかしないか」であって、「どのような能力を獲得したか」という評価ではないはずです。
　そして、その「アクティブ・ラーニングをしたかしないか」の評価の大多数は、「お上」（多くは教育委員会）のお達し通りにやっていれば、「やっています」という結果になるよう仕組まれた評価のはずです。
　とくに、大学入試のような教育委員会の手が出せない評価で最終的に評価される、高等学校以外の義務教育はそうなるはずです。
　考えてみてください。いままで教育委員会が行う評価の大多数は、「やっています」という結果になるような調査ではありませんか？　そうでしょう？　理由は、「やっていません。できていません」という結果は議会に出せないからです。だから予定調和的な調査しか出せません。
　だから、それには従いましょう。みなさんも宮仕え、調査をしている人も宮仕えなのです。その矛盾をわからない人ばかりではありません。いや大多数の方は矛盾を知っています。ならば、それに従って、予定調和的な結果を出しましょう。
　しかし、それだけではダメです。
　本章で書いたことを理解した上で、子ども達の未来を保証する評価をしましょう。それに基づき、あなた自身がカリキュラム・マネジメントをすべきなのです。
　したたかになってください。

第2章

評価の基本的な考え方を押さえよう

>>>>>>>

　第3章以降では、評価の仕方を説明いたします。本章では、その前にアクティブ・ラーニングとは無関係に、評価自体を考え直して欲しいのです。

　あなたはいまの学校でのきまりごとについて、上司や先輩に言われたとおり守っていると思います。その時、「なぜそのようにするのですか？」とはいちいち聞かないと思います。それを頻繁に聞けば「面倒な人」と思われるのが関の山です。なぜなら、あなたに教えた人も「なんでそのようにするのか」を知らないからです。その人も、前に聞いたとおりにやっているだけなのです。

　日本の学校には、こんなことが満ちあふれています。それは評価においても同じです。本章ではそこから整理したいと思います。

変な無理はしなくていい

▶ 1200の観点評価なんていらない！

　ある小学校の先生と話したことがあります。その先生の勤務する自治体では、子どもの実態を明らかにするために40数種の観点で評価するそうです。それを毎時間クラス全員にやらねばならないそうです。ビックリしました。40種×30人だと1200の評価をしなければならないのです。小学校の1校時45分を1200で割れば、2秒ちょっとです。

　「授業をまったくしないで、2秒ちょっとで1つの項目を評価しなければならないじゃない。無理でしょ」と言いましたが、市教育委員会はやりなさいと指導するそうです。当然ながらそれは不可能ですが、できないからといっておとがめはないそうです。つまり、市議会で問われたときに「こんな評価をしています」という証拠があればいいのです。私はこれがアクティブ・ラーニングの評価にも起こることを危惧します。

▶ 本当に評価するには

　私の研究室では、授業中に子どもが主体的であるか、協働的であるかについてさまざまな観点でデータを取り、分析します。具体的にはクラスの子ども達全員にICレコーダーを首からかけてもらい、すべての子どもの発話を録音します。さらに教室には3台程度のビデオカメラを設置し、撮影します。それでデータを記録します。

　そのデータをすべて聞き、分析します。これが大変です。ICレコー

ダーの1校時の記録を1人分聞くだけでも1校時分かかります。さらに、その音声記録を文字化し、分類するには1校時の2、3倍以上かかります。それを30人分行うとなると、たった1校時の分析に100時間以上かかるのです。つまり1日8時間分析しても12日以上かかります。

　世の中には、1つの教具、1回の授業で子どもが激変することがあります。しかし、1回の授業で変わるものは、1回の授業で元に戻ってしまうものです。だから、3カ月以上の授業を分析しています。

　主体的、協働的授業を評価するとはこのレベルのものが必要なのです。さて、これが学校現場でできるでしょうか？　無理だと思います。

　「お上」は、「その日の授業を評価せよ。何も変容していないならば、授業が成立していない」と言うかもしれません。ご安心ください。本書の中ですぐに使える具体的なアクティブ・ラーニングの評価手法を例示しています。それを使って、本質的な評価と上記のことを言うような「お上」に出す評価の両方をしましょう。

▶ 努力の物量作戦はしなくていい

　困ったことに、学校教育には「頑張りなさい、あなたは教師なのだから」「そうだ、私は教師なのだから頑張らねば」というプレッシャーが働いています。その結果、努力の物量作戦でなんとかしようとする風潮があります。しかし、努力の物量作戦は何も生み出しません。仮に生み出したとしても、後にはヘトヘトになる教師が残るだけです。

　教師の方だったらおわかりだと思います。国や県の研究指定を受けて、終わった直後に学校が荒れてしまう事例が少なくないことを。

　断言しますが、学校現場のアクティブ・ラーニングの評価にそんな無理は必要ありません。「アクティブさ」の評価の必要すらありません。

この章では、教師も子どももラクになる、評価方法の基本的な考え方を示します。そして、この評価の考え方は、あらゆる授業でも使えて、いま現在の学校でもすぐに実行できるものです。

評価基準をそのまま事前に児童・生徒に公開しよう

▶ 評価基準を子どもに公開しよう

　授業への積極性を評価するために、「授業中の挙手」を評価基準にしている方も少なくないと思います。さて、そのように評価していることを子どもに公開していますか？　多くの人は公開していないと思います。その理由は、そもそも子どもに公開する必要性があるとは思っていないというものです。評価基準は教師がわかっていればいいという、暗黙の前提があるのです。

　しかし、子どもが主体的でなければならないアクティブ・ラーニングにおいては、そのような考え方はアウトなのです。なぜならば、**子どもが主体的であるならば当人が自己評価しなければなりません。評価基準を知らなければ自己評価できるわけありません。同時に、協働的であるアクティブ・ラーニングでは、周りの子どもが評価者にならなければならないのです。同級生を評価するには評価基準を知らなければなりません**。さらにいえば、アクティブ・ラーニングを異クラス・異学年でやる場合、他のクラス・学年の評価基準も知らなければならないのです。

　繰り返します。アクティブ・ラーニングにおいて評価基準を公開しないことはあり得ないのです。

　校長の意図をはかりかねて右往左往する職員達を思い浮かべてください。その時の職員があなたのクラスの子どもです。

▶ 公開できないなら評価基準に問題がある

　「授業中の挙手」などの評価基準を子どもに公開していない理由の第二は、あなた自身が「授業への積極性」と「授業中の挙手」の関連が弱いと考えている場合です。「授業中の挙手」で評価すると子どもに伝えたとき、「授業中の挙手」は増えるかもしれないが、必ずしも「授業への積極性」が伸びるとは思わないからです。別な言い方をすると、「授業への積極性➡授業中の挙手」と思っているが、「授業中の挙手➡授業への積極性」とは思っていないのです。

　この場合は、あなたが考えている「授業への積極性」の評価のためには、「授業中の挙手」はよい評価基準ではないのです。

　これは多くの場合は正しいと思います。「授業中の挙手」で評価されることがわかれば、とりあえず手を上げるでしょう。そして、当ててみると「う〜……」とうなってしまいます。もしくはトンチンカンな回答をします。子どもにとってはそれでも、自分は挙手をしたと考えています。これでは「授業への積極性」を評価していることにはなりません。

　もし、「挙手があり、かつ、適切な回答をする」という基準で判断したら、「授業への積極性」という興味・関心を評価しているのではなく、「その問題に正しく答えられる」という認知に関する評価をしてしまうことになるのです。

　では、どのような評価基準を定めるべきでしょうか？　それは後の章で詳しく述べたいと思います。しかし、この章で理解して欲しいのは、**評価基準を子どもに公開していないのは非効率であり、公開できないとしたら評価基準に問題があることを意味しているということ**です。

　ちなみに、「次期学習指導要領等に向けたこれまでの審議のまとめ」(平成28年8月中央教育審議会)において、「「主体的に学習に取り組む態度」については、学習前の診断的評価のみで判断したり、挙手の回数やノートの取り方などの形式的な活動で評価したりするものではない。」と明確に否定されています。

目標と授業と評価を
一致させよう

▶ あたり前のことをやればいい

　あたり前のことを申します。

　教育には目標があります。それがないのは「遊び」です。その目標を達するために授業があります。そして、目標が達したか否かを評価します。したがって、**目標と授業と評価は「完全」に一致しなければなりません。**

　ここには異論はないと思います。

　さて、国語の「読み」を大事にしている先生は少なくないと思います。そのために、授業の多くを使って「読み」の学習に時間を費やしていると思います。国語の教科の世界ではそれで「授業名人」と呼ばれている人もいるでしょう。

　さて、「読み」を大事にした授業の後で、どのようなテストをするでしょうか？　おそらく、漢字の書き取りや基礎的文法が多くを占めているでしょう。そのほかのものもそれの延長上だと思います。そしてテストの中で、深い「読み」が関係する問題は１、２問ではないでしょうか？

　これはアウトなのです。なぜならば授業の目標と授業が一致していないからです。

　テストに出される問題の大部分が、漢字の書き取りや基礎的文法であるならば、その授業の目標は、漢字の書き取りや基礎的文法の理解が主要なものになっているはずです。そうであるならば、授業自体も、漢字の書き取りや基礎的文法の理解が大部分の時間を占めていなければなり

ません。

　もし「いや、私の授業はそんな低レベルのものではない」とおっしゃるのならば、テストも授業での時間配分と同じに、高レベルの問題が大部分を占めるテストにすべきなのです。その場合、小学校であるならば業者テストを使うべきではありません（おそらくとんでもない点数になり、保護者から問い合わせが殺到するでしょう）。

▶「深い読み」などを目標にするのはやめよう

　私の大学学部での専門は生物学でした。生物学はおもしろい。下田の臨海実習で、3日間徹夜で連続観察したバフンウニの発生の美しさはいまも忘れられません。しかし、それを学ぶには、生物学を専攻した大学生が費やすのと同じ時間数が必要です。週2、3時間で学び取れるものではありません。

　各教科にはそれぞれの美しさがあります。それらは「深い読み」「深い社会認識」「数的理解」などの言葉で表されることがあります。しかし、それらを週数時間で教えられるでしょうか？　私は無理だと思います。教えられると思うことは、「深い読み」「深い社会認識」「数的理解」などに失礼だと思います。

　百歩譲って、「深い読み」「深い社会認識」「数的理解」などを学び取れる子どもがいたとします。さて、それはクラスのうち何人くらいいますか？　その教師が求める「深さ」に反比例するはずです。そして、それが真に「深い」場合には、ほぼ全員がちんぷんかんぷんになってしまうと思います。だとしたら、そのことのために多くの時間を費やすより、子ども全員が漢字の書き取りや基礎的文法を獲得するような授業をすべきだと私は思います。

小難しい評価方法は
まったくやらなくていい

▶ 子ども自身にわかりやすい評価を

　評価は大きく分けて、形成的評価と総括的評価に分かれます。形成的評価は学習の途上に行い、その結果をフィードバックすることによって以降の学習改善につなげることを目的とした評価です。総括的評価は学習の最後に行い、学習の最終的な結果を評価します。この2つは明確に分かれるものではありません。どの評価も「その時点」では総括的評価であり、学習者の学習全体から見れば形成的評価です。つまり、評価を機能として捉えるべきです。

　何を言いたいのかといえば、すべての評価は形成的評価であることです。**即ち評価をフィードバックすることによって、以降の学習の改善につなげることをしなければならないのです。**

　考えてみれば、あたり前のことです。

　ただ、注意して欲しいのは、主体的であるべきアクティブ・ラーニングでは、評価をする主体は教師のみならず、それ以上に子ども達自身であることです。**つまり子ども自身が自分がどこまでできているかを自分で判断したり、友達が課題を達成できているかどうかを互いに判断できるよう、子どもにもわかりやすい評価方法や評価基準である必要があるのです。**

▶ 難しい評価方法・評価基準はやめるべき

　30年以上前に、私は修士論文をまとめました。その結果、論文は2つの学会誌に掲載されました。私の最初の学術業績です。その中では「林の数量化理論」の3類と4類の分析を行っています。林の数量化理論とはノンパラメトリックなデータを分析する手法です。

　さて、ここまで読んだみなさんはどう感じましたか？　おそらく、一部の人は「へ～、難しいことやったんだ」という感じだと思います。そして、多くの方は読み飛ばしたと思います。それが自然です。林の数量化理論の理屈を理解するにはかなり高度な数学の能力が必要だからです。

　さて、私がその分析をもとにみなさんにアドバイスしたらどう思いますか？　耳が日曜日になってしまいますね。子どもも同じです。小難しい評価や分析をもとに何か言われても、子どもは理解しないし、変わりません。子ども自身にわかりやすい評価方法・基準で評価すべきです。

▶ どんな評価も子どもにわかるように伝えよう

　Q-Uテストというものがあります。広く知られており、使った方も多いと思いますので例に挙げさせてもらいます。私も使ったことがあります。その分析手法は膨大な事前検証に基づくものであり、そこから説明される結果はかなり正確であると思います。少なくとも、標準化された手順に厳密に従った場合はそうです。

　さて、Q-Uテストの結果分析に関して、あなたが理解できる範囲はどれぐらいでしょうか？　さらに、子ども達に説明してそれがわかるでしょうか？　子ども達にわからせられないならば、子ども達にフィードバックできません。つまり、あなたが説明できる範囲が使える範囲なのです。多くの教師の場合は、「満足群以外の子どもが何割なのか」程度の理解だと思います。それでも十分役に立つ調査だと思っています。

　Q-Uテストに限らず、使い方を注意しましょう。

通知表はテストの成績と、振り返りによる自己評価でつけよう

▶ アクティブ・ラーニングの評価も成績でつければよい

　私がみなさんに常日頃から勧めているのは、アクティブ・ラーニングの評価もテストの成績でつければよいということです。
　結局は子ども自身も、教師も、親も納得できるのは、テストによる数値だからです。
　アクティブ・ラーニングの結果を評価するということは、アクティブ・ラーニングで本当にその子が学ぶべきことを学んでいたのかどうかということに尽きます。
　しかし、本当に学ぶべきことを学んでいるかどうかというのは、脳の中で起こっていることで、周りから見てわかるわけではありません。
　どんなに活発にまわりの子達と意見を交わしている様子に見えても、本当にその子の脳の中で能動的に新しい学びが起きて、その時間で学ぶべきことを学べているのかどうかは、誰にもわかりません。それは、その授業内容にそったテストをしてみたときに、初めてわかるのです。
　「いや、新しい学習指導要領では、知識のみを問うのではなく、その知識を使って何ができるようになったかが重要なのである」と思うのであれば、その時間に学んだ知識を使って何ができるようになったのかを測るようなテストをすればいいのです。
　実際にそれをやろうとしているのが、いまの入試改革になります。いま、入試改革では、相当、いままでと違う出題形式の設問を膨大に作り出そうと必死です。文部科学省がいま新しい入試の問題例として示して

いる問題形式の方向性が確定すれば、それをまねた業者テストが小学校・中学校・高校それぞれに合わせてすぐに出てくると思います。それを使えば、その授業時間に得た知識で何ができるようになったのかを測るテストもできるようになるでしょう。

　新しい評価方法を思いついたり、やってみたりしなくても、そのテストをやってみれば、学ぶべきことを学んでいたのかどうかを測ることができます。

▶ 成績に児童・生徒の自己評価を加味して評価をすればよい

　しかし、業者テストによる点数だけでは、その子の学ぼうとする姿勢や、その子ができなかったところをできるようにどれだけ頑張ったのか、汎用的能力の育成がはかられたかを評価できない、と考えるかもしれません。であれば、そこは**児童・生徒に自分の学びについての振り返りをさせて、その内容を成績に加味して全体的な評価とすればよいのです**。

　具体的な自己評価のやり方については後の章で詳しくご紹介しますが、児童・生徒に、短い文で、自分がその授業時間、授業のはじめに示された評価基準を達成できたのかどうかを書かせるというやり方があります。

　いままでやっていた授業の終わりに、数分、自己評価を書く時間を設ければよいだけなので、それほど大きな負担にはなりません。また、1枚のシートを授業の科目ごとに用意して、毎回、そこに短い言葉でつづらせていけば、学期の終わりには何枚かのシートにびっしりと自己の学びについての評価の蓄積ができあがっているようになります。さらに、毎時間、それを、まわりの子とチェックし合わせるようにすると、子どもも嘘を書き続けたりすることはできませんから、実に正直に自分のことを書くものです。教師はこれをチェックして、評価に反映させればよいのです。

COLUMN

いまやるべきことは何かを見極める

　いまは、「アクティブ・ラーニングって何？」の状態です。百家争鳴の実践が広がっています。実際に実践すれば、自ずと収斂していき、各教科別バラバラの実践も整理されると思います。

　さて、実践が広がっていけば、「その成果は？」という問いが生じるのは当然です。そして、各都道府県・市町村教育委員会ではいろいろな評価方法を学校現場に強いるはずです。その多くは、アクティブ・ラーニングとは縁もゆかりもない、いままでやっていたことの焼き直しになるでしょう。仕方がありません、とにかく対応しなければならないのは行政ですから。

　本書をお読みになるような先生方は、かなりの勉強家だと思います。だから、行政から求められる評価法が馬鹿馬鹿しかったり、そもそも実施不可能であることをすぐ見透かすことでしょう。

　その時です。どうするか？

　私のアドバイスは「戦わないでください」ということです。

　行政の方々だって大変なんです。不完全であることは理解しつつも、学校現場に対応を求めている方も少なくないのです。従いましょう。ただ、それを心を込めてやる必要はありません。そもそも実現不可能なものである場合、落としどころがあるはずです。そこをやりましょう。

　そして、戦うエネルギーを、本当にやるべきだと思う評価に費やしましょう。我々は宮仕えなのですから。

第3章

個人の学びの質を高める評価手法とは？ >>>>>>>

　現実問題として、今後、アクティブ・ラーニングの授業における個々の子ども達の評価をしなければなりません。

　本章では、その方法を紹介します。

　まず、いままでと変わらなくていい部分を押さえましょう。

　その上で、アクティブ・ラーニング特有の評価を考えましょう。アクティブ・ラーニングは主体的で協働的な学習です。そのため、30人の子どもがいたら、30人の子どもが評価者になって自分達の学習到達度を測り、次の学習につなげていけるようになる必要があります。そして、教師はその評価者集団が適切に評価を行えるような仕組みを管理する仕事にシフトするのです。

評価の基準は
いまのままで
いいのです

> いままで評価してきたことを評価すればいいのです

　言うまでもないことですが、アクティブ・ラーニングでの「3桁の足し算」で学ぶものは、いままでの授業で「3桁の足し算」で学ぶものと変わりありません。したがって、その評価はなんら変わりありません。

　しかし、アクティブ・ラーニングなんだから独特の評価をしなければならないと思ったとき、まず、思いつくのは子どもの行動を点数化して加算することです。たとえば、子どもがほかの子どもに教えたらテストの点数に＋10点を加算するようにする方法です。しかし、これは絶対にやってはいけないことです。

　周りの子どもに一生懸命に教えて80点の子どもがいて、自分だけわかればいいんだと公言し90点の子どもがいたとします。気持ちとしては80点の子にいい成績をあげたい。しかし、ダメです。80点は80点、90点は90点です。

　大きな理由は2つあります。

　第一は、異質なものを同じ物差しでは測れないからです。テストの点数はその教科内容の達成度を示す点数です。友達に関わったか否かはそれとは異質です。それを加えることはできません。たとえば身長180cmで体重が50kgの時、合わせて230という計算はできないのと同じことです。

　第二は、アクティブ・ラーニングで育成しようとしているものは、3桁の足し算とはレベルがまったく違うものだということです。主体的で

協働的になるのは、子ども達が幸せな一生涯を送るために必要なものです。もし、それに＋10点という指導を行えば、＋10点並の価値しかないことを教師が公言しているのと同じです。

▶ 汎用的能力を育てるために「自己評価」をさせよう

　アクティブ・ラーニングは、子ども達の一生涯の幸せを願っての学習です。我々教師は卒業後の子ども達について行くことができません。つまり、大人の彼らには教師役はいないのです。教師ではなく当人が自己評価できるようにならねばならないのです。そのような**大人にするには、まずは任せて、失敗させ、それを乗り越えさせねばなりません**。

　もちろん、自分ひとりで正しく自己評価できる子どもばかりではありません。しかし、自己評価をできる人とつながれれば、その子も正しく自己評価ができます。それを経験させたい。

　だから、試験の点数の採点は教師ではなく、子ども達にやらせるべきです。おそらく小テストレベルならば採点させたことがある人は少なくないと思います。それを単元テスト、定期テストでやるのです。

　ただし、いきなり最初から一人でやれば、ごまかしたいという誘惑に負けてしまうでしょう。だから、グループで採点すればいいのです。そして、採点しながら、なぜ間違ったかを話し合えばいい。きっと実になる学習が成立します。

　無理だと言われる方もいると思います。確かに難しいでしょう。しかし、それができるクラスのほうが素敵だと思いませんか？　それに、子ども達に任せて採点が間違ったとしても、どれだけ間違いますか？　グループで複数でチェックすれば、間違ったとしても数点レベルです。さて、その数点が子ども達の人生に影響を与えますか？　おそらく、採点すらも任せられたクラスに自分が所属していたという記憶の方が、子ども達の人生に影響を与えると私は思います。

「振り返りカード」を使った自己評価の実践

> 「主体的に学習に取り組む態度」をどう評価すればいいか？

　では、実際に次期学習指導要領に基づき、評価を行っていくことを想定し、どのように実践すればいいのかを紹介していきましょう。

　次期学習指導要領では、「知識・理解」「思考・判断・表現」「主体的に学習に取り組む態度」の３観点を評価することになります。評価が難しいのは「主体的に学習に取り組む態度」の評価でしょう。そこは、これまで「関心・意欲・態度」と表現されてきたところです。

　たとえば、いままでの学習指導要領の５年生理科の目標は以下のように書かれていました。

（1）　物の溶け方，振り子の運動，電磁石の変化や働きをそれらにかかわる条件に目を向けながら調べ，見いだした問題を計画的に追究したりものづくりをしたりする活動を通して，物の変化の規則性についての見方や考え方を養う。
（2）　植物の発芽から結実までの過程，動物の発生や成長，流水の様子，天気の変化を条件，時間，水量，自然災害などに目を向けながら調べ，見いだした問題を計画的に追究する活動を通して，生命を尊重する態度を育てるとともに，生命の連続性，流水の働き，気象現象の規則性についての見方や考え方を養う。

　この中に「生命を尊重する態度」を育てるとあります。さて、「生命

を尊重する態度」とは何でしょうか？　このあたりがハッキリしません。だから、授業中の挙手の回数や、ノート提出などで評価していると思います。しかし、いまひとつ自信を持てず、どこまでいっても「なんとなく」、「周りの人がそうやっているから」その指標で評価していると思います。

▶ 学習指導要領が求めていること

　我々の授業について具体に規定しているのは、学習指導要領のみです。学習指導要領に「しなさい」と書かれているものは、しなければなりません。しかし、1やるか5やるか10やるかは教師の裁量です。「してはだめ」と書かれているものはしてはいけません。しかし、それ以外のことはしてもいいのです。

　学習指導要領においては、「生命を尊重する態度」とは何かに関して記述がありません（ちなみに学習指導要領解説においても、観察・推論し関わることによって育つことは書いてありますが、それ自体が何かは書いていません）。したがって、「生命を尊重する態度」を何とするかは、あなたが決めていいのです。

　しかし、あなた自身が決めていいと言われても、「これだ！」と言えるようなものは思いつかないと思います。ご安心ください。理科の授業を専門に研究している理科教育学の学会でも、「これが、生命を尊重する態度だ」なんていう合意はありません。だから、あなたがそれを言えないのは当然です。

　では、どうしたらいいでしょうか？

▶ 学習指導要領を子どもに見せよう

　我々は、学習指導要領の原文を子どもに見せる実践を行いました。「え？」と驚かれたかもしれません。しかし、第2章の「評価基準を

そのまま事前に児童・生徒に公開しよう」のところ（26～27ページ）を読み返してください。子どもに学習指導要領の原文を見せるべきなのです。「子どもが読めるの？」と不安になられるでしょう。おそらく、大部分の子どもは読めません。しかし、読める子もいるのです。小学校1、2年生の場合、多少はわかりやすい言葉に直す必要はあるかもしれません。しかし、3年生以上であれば原文をそのまま見せてもかまわないと思います。それに、小学校1、2年生も「家の人に教えてもらってください」と言えば、原文のままでいいと思います。少人数でもわかった子どもが生まれれば、その子どもが周りの子どもに解説してくれます。

　非協働的な現状の授業の場合、ほとんどの子どもがわかるレベルまで簡単にする必要があります。しかし、**協働的なアクティブ・ラーニングの場合は、一部の子どもでもわかれば、その子どもが他の子たちにも理解を広げてくれます**。だから、そのような成績上位層の子どもがわかるレベルに合わせればいいのです。

▶ 子ども自身に評価基準をつくってもらう

　子ども達に、学習指導要領の目標の原文を与えます。そして、「生命を尊重する態度」とはどんなものだろうかを考えさせるのです。そして、具体的な評価方法を考えさせるのです。つまり、学習指導要領の規準から基準をつくらせるのです。たとえば、「毎日欠かさず観察をし続けた」とか、「枯れないようにお世話をした」というような基準を考えるのです。

　子ども達は、単元の中でその基準をクリアしたかでA、B、Cで自己評価させます。そして、なぜ、そのような自己評価をしたかを書かせるのです。つまり次ページ上の表のように、単元の最後に提出する紙には、「学習指導要領の原文」、「評価基準」、「A～Cの自己評価」、「評価の根拠」を出すのです。なお、求められる態度が複数の場合は、それらを並列した欄をつくります。なお、学年によって表の表現は変えます。

目　標	評価方法	自己評価	根　拠

▶ 子どもは妥当な評価基準を作れます

　最初は、過半数の子どもが不十分な基準を考え、いい加減な評価をするでしょう。その結果を教室に貼ったり、それを印刷して全員に配付したりするのです。

　規準から基準を的確に考えられる子は多くはありません。しかし、どの基準が的確かどうかは多くの子どもはわかります。そして、全員が適切に自己評価することを求めたならば、子ども達は関わり合って改善します。

　能力の低い子も、周りの子どもの援助によって徐々に改善できます。実際数カ月の実践の後に、**子ども達の基準を子ども達が作成したことを明かさずに小学校の先生に見せて、妥当かどうかを判断してもらったところ、すべての基準は妥当だという評価をもらうことができました。**

　このような評価には、いろいろなメリットがあります。その第1は、子ども達が「生命を尊重する態度」を理解することができることです。これはいままでの評価とまったく違う、アクティブ・ラーニングにおける評価の特徴といえるでしょう。第2は、一人の教師では見切れない、ていねいな評価ができることです。第3に、教師自身が「生命を尊重する態度」とは何かを学べることです。

　なお、翌年も同じ学年を担任するなら、前年度の子どもの基準を見せてください。その際、誰の基準かを明らかにしてください。子ども達の中から、その先輩に直に相談する子が出てくると思います。そうすれば短期間に基準の向上が期待できます。

振り返りカードで教科
それぞれを把握しよう

▶ 振り返りカードによる自己評価

　『学び合い』のアクティブ・ラーニングを実践している人の中には、振り返りカードを使っている人が多いでしょう。振り返りカードとは、授業の最後に子どもが今日の授業を振り返って自己評価するカードです。記入時間が長くなると授業時間に食い込みます。それゆえにできるだけシンプルであることが大事です。ここでは基本形をご紹介しますので、各自がそれを基に自分の振り返りカードを作ってください。ただし、シンプルでないと続きません。

　振り返りカードに含む項目は、日付、内容（その日の学習のタイトル）、自由記述欄、自己評価の4つです。その日の学習タイトルとは、たとえば「3人の武将」とか「平和な国日本」のようなタイトルです。それは教師が黒板に書いてください。

　自由記述欄は、その日にあったことを自由に書かせます。多くの子どもは、誰と一緒に勉強した、誰から教えてもらった、誰に教えた、のようにどのようにほかの子どもと関わったかを記述します。

　自己評価は「自分がわかって、みんながわかることに貢献できたらA」、「自分がわかったらB」、「自分がわからなかったらC」の3つの基準を設けます。ここでの「みんながわかるために貢献できた」という意味は、「教える」ということのみではありません。「頑張れ」と声をかけるのも、用具を用意するのでもOKです。とにかく自分のできることは何かを考え、行動したらいいのです。ただし、全体がわかるように貢献

できたけれど、自分がわからない場合は、Cです。みんながわかる、ということの中には当然自分も入ります。

▶ 教科の学習状況を書く振り返りカード

　先に挙げた振り返りカードの構造の場合、自由記述欄は人と人との関係のことが書かれます。しかし、教科の学習がどのように成立したかを知りたいという人も当然あると思います。その場合は「（今日の勉強で）何がわかったか」という欄を設け、教科書の言葉を使って書くことを求めてください。振り返りカードは単元ごとに渡すので、構造は以下のようになります。

日付	内容	どのように勉強したか	何がわかったか	自己評価

　教師はこれらの自己評価を授業後にざっと観ることによって、この日の学習の質を素早く理解することができます。
　なお、この日々の自己評価を成績に使うことは望ましいものだと思います。ただし、その時は、先に述べたように子ども達に成績に使うことは伝えることを忘れてはいけません。

実践事例
小学校での振り返りによる自己評価の実践

阿部友貴

▶ アクティブ・ラーニング授業での自己評価の実践

　私のクラスの算数の時間は、最初の5分間、教師が簡単な解説を行い、その後35分間は教科書を中心として子ども達自身が学習を進めています。そして、最後の5分間で振り返りを行い、次の学習に生かすというスタイルで、授業を進めています。

　進め方としては、単元の初めに自己モニターシートを配付し、その課題に沿って学習を進めていくというものです。自己モニターシートは、教科書のページ数とそのページの課題、自己評価の欄がある1枚の簡単なプリントです。課題はいたってシンプル。指導書の各ページの目標とほぼ同じ。そして、そのシートの自己評価の欄には今日の学習が理解できたかを◎、○、△で評価します。自己モニターシートはいちおう渡していますが、現在は、その書かれた課題を強く意識するというよりは、教科書の学習内容をどうしたらきちんと理解できるか？　ということに子ども達の課題意識は向いているようです。

　単元の終わりには、市販のテストを行います。そのテストでいかにみんなが良い点を取るか？　ということに意識をおいて学習しています。「全員が良い点を取ろう」「最低点が80点以上になるように学習しよう」「難しいと感じている子も理解できるように、学習内容をマスターした子が、わからなくて困っている子のサポートもしよう」と、毎回手を変え品を変えと語り続けていくと、全員が学習に前向きに取り組むようになってきました。このような学習ができるようになるまでには、やはり

日々の「教師の語り」、そして「子ども達自身の振り返り」の積み重ねが重要であったように思います。

▶ 振り返りは「主体的で対話的な学び」に欠かせない

　振り返りについては、「今日の学習の進め方で、うまくいったことは何だろう？　それは、なぜうまくいったのだろう？」「次の授業時間はどうしたら、みんなで成長していけるだろう？」と、学び方の振り返りに重きを置いてノートに書くように伝えてきました。それにより、「僕の教え方で、○○君が問題を解けるようになってきた。うれしい！」「また計算ミス！　練習問題をたくさんしなくちゃ」など、良い学びの時間にするためのコメントが見られるようになってきました。

　すると、テストのクラス平均点も90点を下回ることがなくなりました！　そしていままで50点くらいしか取れなかった子が、自力で80点をとれるようにもなってきました。

　自己評価はとても重要です。しかし、何について自分を評価するのかを、教師ははっきりと教える必要があると思います。大事なのは、「学び方」についてと、「学んだこと」について振り返ることです。これは、1単元だけで気付く、ということはありません。2単元、3単元と繰り返していくことで、「計算練習が足りない」「応用問題にも取り組む必要がある」など気付いていきました。この振り返りを繰り返したことによって、現在の我がクラスでは、「練習問題を作って解き合う」という文化が生まれました。これが、学習内容を理解している子どもと、つまずいている子どもの学習に良い効果を生んでいます。両者ともに、楽しんで学んでいけるし、補い合って学習を進められるからです。

　どんな学習をしていても、必ず個々の課題はあります。友達や先生と関わり合う中で、自分の課題を自覚し、学習を進めるために、振り返り（自己評価）は欠かせないものであると確信しています。

実践事例
中学校での振り返りによる自己評価の実践

福島哲也

▶ 授業開きで年間評価計画を示す

　僕の場合、新学期の初めの授業で1年間の評価計画を子ども達へ伝えています。授業内容に関する小テスト・入試対策として行う小テストを、どの程度の頻度で何回行い、1回のテストは何点満点か？　関心・意欲・態度については、何をもとに評価するか？　毎時間の授業で評価に関することは何で何点満点か？　**これらは成績処理をする時にパソコンに入力する項目のことで、僕はそれを事前にすべて子ども達に知らせます。**こうすることで、子ども達は何を頑張ればよいのかを知ることができます。

　大阪府では、文部科学省が示している指導要録の4つの観点（国語科は5つの観点）をもとに5段階の評定を決定します。4つの観点をバランスよく評価することが求められているので、4月の時点で評価計画を立てておかなければ、評定を決定する時期に、各観点がアンバランスだという事態にもなってしまいます。4月の授業開きで評価計画を出す事は、子ども達が何を頑張ればよいかがはっきりするだけでなく、評価する側にとっても評価の説明責任を果たす上で有効です。

　ちなみに僕が行う評価には、子ども達が板書を写したノートは評価に入れていません。関心や意欲がなくてもノートは書けるものだからです。そのような形式的・儀式的なことで評価しないようにしています。

▶ 振り返りカードで子どもも成績も伸びる！

　毎時間の終わりに、授業の振り返りを行います。授業を通して目指すのは、教科の学力を身につけることだけではありません。教科指導を通して、子どもたち一人ひとりに「人の輪に入り込む力」と「人を巻き込む力」を全員がつけようと僕は語っています。僕は、アクティブ・ラーニングの必要性をこの2つの力で表し、「人の輪に入り込む力」と「人を巻き込む力」はみんなにとって得であると評価します。具体的に振り返りカードでは、授業終盤に「誰の力を借りられたか」「誰に力を貸すことができたか」を振り返り、友達の名前を書かせます。

　そして僕は、より良い子ども集団を目指すために、テストの点数にこだわります。このことは子ども達にも求めます。仮に男女関係なく活発な授業であっても、学力が身についていなければ改善が必要です。つまりアクティブであればそれで良いということではありません。

　そのため、定期テスト後には、テストの結果と日々の振り返りシートの自由記述を一気に振り返る時間を取ります。振り返りシートを活用することで、僕はどのクラスにも、数学の授業でありながら道徳の授業の空気感を感じます。数学の学力を伸ばすための授業でありながら、クラス内の人と人とのつながりを実感している子が多いように思います。このことが、「数学ができるようになりたい」という動機付けになっています。僕の正直な意見としては、数学の力を伸ばすために、ではなく、よりよい集団をつくるためにアクティブ・ラーニングをしていったことで、自然と数学の力が伸びたと実感しています。

　また、普段記録している振り返りカードを子ども同士で見せ合う事で、そのクラス自体を子ども達自身で評価をします。自分達のクラスが、自分達で学び合えている集団になれているかを子ども達自身が評価します。

実践事例
高校での振り返りによる自己評価の実践　　鍋田修身

▶ 『振り返りメモ』を一覧表『クラスの記録』にして配付する

　授業時間は、最初の話を3分以内、40～45分の主体的・協働的な学習活動の時間、そして最後に振り返りの時間を3分とります。

　自分の活動を振り返り、A6判の白紙『振り返りメモ』につづってもらいます。何を書くかは、各人の思いや活動の違いがありますので、とくに指定はしません。ただし、最初に次の2点を伝えます。

（1）名前は書くが、学年評定には一切関係しないので、遠慮なく、そして可能な限り具体的に書く。

（2）すべてをそのままPCへデータ入力し、一覧表『クラスの記録』として、次の授業までに配付する。その際は名前は出さない。

　そして、なぜこの振り返り活動をするのか、その目的について次のような話をします。

　「『振り返りメモ』を書くことで、その日の学びの最初の復習になるとともに、自分に任された時間を自分とクラスにとってどう使えたのかを省みてください。『クラスの記録』を読んで、授業中に気付けなかったまわりの人達の思いや状態を知り、次の時間、どのように自分が取り組むのかを考えてほしいと願います」

　名前の記名・無記名には、次の狙いがあります。

- 名前を書くことで、生徒個人の状況がどのように変化していくのかが記録されますので、個人的な学習への相談などの際に、その記録を一緒に見ながら、今後の対応を考えることができます。

- 無記名で配付することで、クラスに向けての声を発しやすくなります。集団での学習活動において、生徒間のコメントは重要です。誰がどうなのかではなく、クラスの状況を知ることで、自分がどのような活動をするとよいのかを考えてもらえます。

この取り組みを通して、生徒自らが自分の活動を毎時間、あるいは少し長いスパンで変えていく機会を提供し続けたいと考えます。

▶ 生徒だけでなく授業者自身の授業改善・自己変革へ

最初の頃は「寝てしまった」「雑談で終わってしまった」などと書いている生徒も、授業者がクラス集団へ「君達自身で改善策を出せるよね？」と問いかけるのと同時に、**個の変化を『振り返りメモ』で追っていくと、彼らが挽回しようと努力をしていることもわかります。学習者が自分と向き合い、チャレンジを繰り返しながら、次第に自立していく姿も見えてきます。**

授業者としては、1年間という区切りで受け持つ科目の授業を通して、個人・クラス集団が刻々と変化していくことを、授業時の観察だけでなく、『振り返りメモ』からつかむことができます。

学習者集団は生き物ですので、刻々と変化します。観察では気づかないことで、彼らが授業者に伝えたいことは、必ずこの『振り返りメモ』に出てきます。このメモ自体が、授業者が授業を改善する、学習者の変化や成長に順応し、自らの考えや姿勢を変容する上でも、大事なことであると受けとめています。

授業者にとって、待つことと我慢することが必要な授業ですが、その大切さを私たち授業者に記録として教え導いてくれる。『振り返りメモ』には、そんな効能もあります。

意外にも自己評価は正確に実態を反映する

▶ 友達の目を意識させると自己評価は正確になる

「自己評価は正確なの？」と心配される方もおられると思います。**安心してください、正確です。以前行った調査によれば、教師の評価よりも厳密です。**なぜでしょうか？

　それは、その結果を公開しているからです。子ども達の自己評価は壁に貼ったり、印刷して配付したりします。そのようなことをしなくても、書いているのはみんながいるところです。周りのクラスメートが見ています。そして多くの場合は、互いに話し合って書いています。

　子ども達は「教師の目はごまかせるが、クラスメートの目はごまかせない」ことをよく知っています。もし、あまりに高い評価をつければ、それを見ているクラスメートから「それはおかしい」と言われるのです。だから辛めの自己評価をします。

　もし、子ども達の評価が実態に見合っていないと感じたら、子ども達の自己評価を壁に貼ったり、印刷して配付したりしましょう。そして、以下のように語ります。

　「この前、クラスのみんなの自己評価は壁に貼ったよね。みんなに聞きたいことがある。ほかの人の自己評価を見た？　ほかの人の自己評価を2人以上見た人は立って。お〜凄いね、みんな見たんだ。じゃあ、5人以上見た人だけ立ってて。そうじゃない人は座ってね。あれ、だいぶ減ったね。じゃあ、10人以上見た人は立ってて。あれ、少ないな〜。

じゃあ、全員見た人は立ってて。あれ、全員座っちゃったね。

　この授業は全員が幸せになるために、全員が支え合う授業だよ。そのように支え合うクラスができたとき、全員が幸せになれる。そうだったら、クラスの全員がちゃんと自己評価できたか気にならない？

　この授業が終わったら全員のを見てください。

　先生が見ている限り、このままでは本当に成長できるとは思えない自己評価もある。それを放っておくことは仲間を見捨てていることになるよ。一人見捨てるクラスは、2人目を見捨て、3人目を見捨てる。そんなクラスになってしまいます。それはダメだ。だから、絶対に一人も見捨ててはダメだよ」

　こうすれば、クラスの子どもの一部が全員を見るようになります。一部でもそうすれば、集団全員の改善は期待できます。

　そのような集団の自己評価であれば、成績評価に「そのまんま」使うことができます。

▶ 自己評価の本当の意味を子どもに納得させることが大事

　私の教師人生の最初は、学力的には最底辺の定時制高校の理科教師でした。暴走族、暴走族OBの多い学校です。当然、授業は聞いてくれません。彼らは「純ちゃん、なんで理科を勉強しなければならないの？」と聞いてきます。私は大学の学部・大学院（理科教育学専攻でした）で学んだありとあらゆる説明をしました。しかし、彼らは納得しません。結局、私が大学の学部・大学院で学んだことは、理科が大好きな人が納得する理由に過ぎませんでした。

　これは高校理科ばかりではありません。たとえば、小学校算数では四則演算が大きな割合を占めています。低中学年の場合、ほとんどと言ってもいいでしょう。ところで、なぜ、それを学ばなければならないのでしょうか？　「計算ができないと買い物ができないよ」という説明があ

ります。本当でしょうか？　思い出してください。みなさんが買い物をする時、計算しますか？　しないと思います。バーコードリーダで読み取り機械が計算しています。私はこの5年間筆算をしたことがありません。電卓を使います。複雑な計算の場合はエクセルという表計算ソフトを使って計算します。したがって、四則演算の考え方は必要かもしれませんが、計算能力は不必要なのです。

　四則演算ですら危ういのですから、高校理科の学ぶ意味を納得させられるわけありません。

　結論を言いますが、学校教育で学ぶことは学んだ方がよいものばかりです。しかし、すべての子どもが学ばなければならないというものではありません。教師がそれを学ぶべきだと抗弁しても、子どもは納得しません。中学校、高校ではそれを納得させるために、入試のことを持ち出します。もし、入試を突破することが目的であるならば、点数をごまかすのは子どもにとっては合理的な方法です。

　学校で学ぶ意味は何でしょうか？　私は、人とのつきあい方を学び、仲間を獲得することだと思っています。そのツールとして各教科を学んでいます。このことを納得させたならば、点数をごまかすことは非合理的な方法です。だから、子どもにこのことを納得させなければなりません。そのためには教師自身がそれを信じ、日々の教育実践でそれを具現化しなければならないのです。

▶ 「一人も見捨てず」がクラスを変える

　本書で紹介している事例および方法は『学び合い』によるアクティブ・ラーニングの時にとくに有効です。その理由は、『学び合い』は「一人も見捨てず」ということをコアにしている教育だからです。教師はそれを繰り返し語り、それを守ることは子ども自身にとって得であることをさまざまな説明で語ります。

　集団のあり様は、その集団をリードする一部の子どもの行動によって

決まると『学び合い』では考えています。いままでの授業では、そうしたリードする側の子どもは「自分がちゃんとやればいい」と思っています。そのため教師は、そうした子以外の子が学習に向かうように孤軍奮闘で何でもやらねばなりませんでした。しかし、「一人も見捨てず」ということを集団、とくに、クラスをリードする子どもが納得すれば、その子達と一緒にクラスを変えることができるのです。

▶ 評価そのものを主体的で協働的なものにする

アクティブ・ラーニングは、主体的で協働的な学習です。その評価を教師だけが行い、子ども達が関わらないでいいでしょうか？ **アクティブ・ラーニングにおける評価とは、主体的であること、協働的であることを評価するのみならず、それ以上に、評価そのものをアクティブ・ラーニング化しなければならないのです。**

つまり、本章で紹介した子ども達同士の主体的で協働的な自己評価にならなければなりません。それは本章で紹介した「個人の学びの質を高める評価」ばかりではありません。次章で紹介する「集団の学びの質を高める評価」でも同じです。

教師だけが集団の質を見取り、あれこれと教師が改善方法を考えているのではアクティブ・ラーニングではありません。教師の見取りを子ども達に公開し、子ども達自身で自己改善できるように成長させねばならないのです。教師の語りは、そのきっかけづくりなのです。

アクティブ・ラーニングの目的は、子どもを大人にすることです。大人社会において教師はいません。大人社会では主体的で協働的な自己評価を本人ができるようになっていなければならないからです。そのためには、学校で学ぶ時代のうちにそれを経験させ、できるようにしなければなりません。当然、失敗するでしょう。しかし、学校という教師の管理下に置いて意図的に失敗させ、乗り越えさせることが大事なのです。

アクティブ・ラーニングと自己評価

▶ 倫理的な態度を学ぶということ

　アクティブ・ラーニングが成立しているならば、自己評価が正確になります。逆にいえば、自己評価が不正確ならばアクティブ・ラーニングは成立していないのです。
　なぜでしょうか？
　先に述べたようにアクティブ・ラーニングは「認知的、倫理的、社会的能力、教養、知識、経験を含めた汎用的能力」を育成することが目的です。この中に「倫理」というものがあります。
　倫理とは何でしょうか？　問い方を変えましょう。人はなぜ「倫理」に反することをしないようにするのでしょうか？　それは人から倫理的でないと判断されると「損」だからです。人は人とつきあいながら生きています。だから人からつきあうべきではないと思われると「損」なのです。倫理とは人の利害損得の妥協点といえるでしょう。ただし、これは短期ではなく、中長期において成り立つものです。短期であれば非「倫理」的であることが「得」になることはあります。しかし、中長期においては「損」です。
　「認知的、倫理的、社会的能力、教養、知識、経験を含めた汎用的能力」を育成するとは、このあたりの理屈を理解させることです。
　考えてみてください。中学校１年生の数学で自己評価をごまかして成績を上げたとき、それは一生涯の中でどれほど得でしょうか？　逆にごまかしていることを友人に知られることによる損は、どれほどでしょう

か？　こう考えれば自己評価をごまかすことは損です。

▶ 中学校3年生に語るなら

　とは言うものの、中学校3年生にとって内申書は大問題です。高校進学に大きく関係するものだからです。絶対評価では、誰かの成績が上がることは自分の成績が下がることを意味します。このようなときに教師はどのように語るべきでしょうか？　子ども達が持っている視点よりも長期で広域な視点で語るべきなのです。以下は一例です。

　君らにとって内申書は大問題だ。誰かの成績が上がれば、自分の成績が下がることを意味していると考えるのは当然だ。しかし、冷静に考えてみよう。君らのライバルは、このクラスのみんなか？　違うな。この学校の同学年か？　違うな。では、君らのライバルは誰か？　それはこの地域の3年生全員だ。

　さて、内申書の1点、2点で足を引っ張り合うクラスで勉強している3年生と、そんなことを気にせず、それ以上の点数を本試験で獲得しようと支え合っているクラスで勉強している3年生とどちらが志望校に入るだろうか？　これはわかりきっていることだろう。

　人は苦しいときに本性が現れる。その本性を互いに観察している。君達の行動は、20年後、30年後、40年後の人生に関わることだ。高校入試だけではなく、いま、人生の受験に合格しよう。

　君達ならばそうなれる。期待しているよ。

　この例を参考にみなさんの語りを語ってください。それが子どもたちの腑に落ちれば、「認知的、倫理的、社会的能力、教養、知識、経験を含めた汎用的能力」を彼ら自身で育成するでしょう。

具体的な
通知表のつけ方

▶ 通知表のつけ方もいままで通りでよいのです

　テストの点数と自己評価で成績を出す時、それらの結果をどのようにして通知表に反映したらいいでしょうか？

　いままで通りでいいのです。

　いまでもテストの点数とテスト以外の点数で、成績を出しているはずです。先に述べたように、アクティブ・ラーニングでの「3桁の足し算」で学ぶものは、いままでの授業で「3桁の足し算」で学ぶものと変わりありません。したがって、そのテストの評価は何ら変わりありません。テスト以外の評価を自己評価に置き換えればいいのです。

　自己評価に置き換えれば、教師自身の作業量はぐっと下がります。そもそも30人の子どもを毎時間見取り、記録し、評価することは不可能ですが、自己評価はそれを可能にします。教師の仕事は、全授業の集積した結果が妥当か否かを判断することです。先に述べたようにアクティブ・ラーニングが成立しているならば妥当な結果になっています。少なくとも、もともと不可能な30人の子どもを毎時間見取り、記録し、評価した従来の評価よりははるかに妥当です。

▶ 何をどれだけの割合で通知表に反映させるかも公開する

　いままでの授業で、手を上げた回数で評価をした人がいたとします。子ども達は教師が授業中に手を上げることをよいことだと思っているこ

とはうすうす感じていると思います。しかし、それが成績に関係しているかは知らないかもしれません。そして、どのような割合と方法で成績に影響するかはまったく知らないでしょう。

　教えていないから当然です。

　しかし、それは変ではないでしょうか？　何が変か、以下のたとえ話で説明しましょう。

　新たな校長が異動してきました。最初のあいさつで「私はフンダラベッチャ（架空の言葉です）を大事にする学校づくりを目指します」と言いました。そして、それ以降、「それはフンダラベッチャに反します」とダメ出しをしたり、「素晴らしいフンダラベッチャです」とほめたりするのです。ところが職員は、フンダラベッチャがなんだかわからないので、右往左往します。

　フンダラベッチャが何かを、校長は言うべきではないですか？

　手を上げることによって評価した先生が、手を上げることによって評価することを子どもに言わなかったのは、言ってしまえば、子どもはとりあえず何でも手を上げてしまうことを危惧したのだと思います。しかし、それは手を上げる程度のことで評価したからです。手を上げることと積極性は関連するかもしれませんが、一致していません。求めることと一致したものを評価すればいいのです。

　先に例示した学習指導要領の原文を子ども達に与え、学習指導要領の規準から基準をつくらせる実践であるならば上記のような問題が起こりません。さらに、どのような割合で成績に反映するのかを公開しましょう。あなたの示す割合は、どれだけあなたが「それ」を重視しているかを示すものです。

　わかってみれば、拍子抜けするほどあたり前のことだと思います。

COLUMN

アクティブ・ラーニングの評価の難しい部分はどこ？

　私のところには、日本全国の方から質問メールが来ます。その多くは『学び合い』によるアクティブ・ラーニングを実践することに関してです。ところが最近になって、評価に関する質問が増えてきました。アクティブ・ラーニングの広がりが、ひとつの段階を超えたことを感じます。

　その質問を読むと、これまでの評価と、『学び合い』によるアクティブ・ラーニングの特有の評価の難しい差を質問するものもありますが、圧倒的大多数は本章で書いた「そもそも評価とは」ということがネックになっている質問です。

　仕方がありません、多くの教師にとって日常業務の中でとくに考えてこなかった部分であり、抜け落ちている部分です。じつは、教員養成でも抜け落ちています。もちろん、パフォーマンステストなどを講義で教えることはありますが、現場教師の忙しさから考えてそれを実施することはほぼ不可能です。

　結果的に、学校現場はテストの点数ばかりの評価になります。そして、教師の感覚に基づいていいわけ程度のそのほかの評価をつけたすことになります。しかし、いまのアクティブ・ラーニングの広がりで、「そもそも評価とは」に目を向けるきっかけになればと願います。

　「そもそも評価とは」の先にある難しさもあります。アクティブ・ラーニングでの評価が難しいのは、集団の評価と個人の評価の両面がある点です。いままでは、個人の評価だけをやればよかった。ところが協働的な学習であるアクティブ・ラーニングでは集団を評価することと、子どもにそれをフィードバックしていくことが必須になるのです。

　次章ではそれを扱います。

第4章

集団の学びの質を高める評価手法とは？　>>>>>>>

　評価はそれで完結するのではなく、次の学習の質を高めるのが真の目的です。では、前章で示した個人の質を高める評価の結果を、どのように次の学習の質につなげたらいいでしょうか？

　それは集団の質を高めることです。子どもが子どもを支える集団になれば、個人の評価結果をさらに活かすことができます。

　『学び合い』によるアクティブ・ラーニングでは集団の評価のノウハウが確立されています。本章ではそのようなノウハウの中で汎用性の高いものをいくつか紹介したいと思います。

アクティブ・ラーニングでは集団の状態を評価する必要がある

▶ 集団の状態への評価と、それへの対応

　教師は子ども一人ひとりの評価をしています。個人への評価としては、たとえば、数学のテストの点数や、その他、知能検査、適性検査などいろいろなものがあります。しかし、教師は一人ひとりの評価のほかに、子ども集団の状態もモニターして評価しなければなりません。なぜなら、子どもの集団の状態が個々人の成績に反映することを知っているからです。

　クラスが荒れれば、クラス全体の成績は当然落ちます。クラスが見事にまとまって授業中の集中力が増せば、「え？　どうしてあの子まで勉強がんばるようになったの？」と、まわりの教師もびっくりするような、個人の授業態度の変化や成績の伸びも起こります。

　クラス全体の状態が、個々人に大きく影響を及ぼしているからこそ、クラスという集団の状態をモニターして、担任教師が状態を評価し、その状態に対応していくことが必要になってきます。

　と書けば、「そりゃそうだ」と思われると思います。

　では、「あなたは子ども集団をどのように評価していますか？」と問われてあなたは答えられますか？

　感覚的に「いい感じ」というようなものはあるでしょう。そして、多くの場合、それはかなり正確だと思います。しかし、別な教師にそれを伝えようとすると伝えられない感覚的なものではないでしょうか？

▶ なぜアクティブ・ラーニングでは集団の評価が必須なのか

　なぜ、集団の評価が弱いのでしょうか？　それは、いままでの授業、とくに教科学習において必要感がなかったからです。一斉指導においては子ども達は教師とはつながっていますが、子ども同士はつながっていません。つながっていたとしても、「話し合いの時間」などの極限定された時間だけです。したがって「集団」となっていなかった。だから集団の評価が弱いのです。しかし、**主体的・協働的なアクティブ・ラーニングにおいては集団の評価は必須です**。

　これからは子ども同士が能動的につながりあい、自主性を持って、お互いに関わり合いながら、授業内容の学びと汎用的能力の学びを達成していかねばなりません。

　教師は集団がそれをうまく行えているかを評価し、その集団への評価を子ども達全員にフィードバックして、どうしたら集団がよりよい状態になるかを子ども達自身に考えさせていく必要があります。

　子ども達自身が、自主的に、集団の状態をよりよい方向にもっていこうとすることをセットでやらない限り、アクティブ・ラーニング自体がうまくいかないことは、経験的にわかると思います。

　教師は、ちょうど、職員集団がうまくいっているかどうかを見守る校長のようなリーダーの役割に変わるのです。集団の自主性が尊重され、自分達でどうやって集団をよくしていこうかと考える状態になるほど、個々人の能力も大きく発揮されます。そしてよりよい状態を目指すため、リーダーは個々人を指導するかわりに、集団全体の状態が正しい方向に向かっているかどうか評価し、全員にフィードバックする必要があります。

　『学び合い』では集団の評価のノウハウが確立されています。本章ではそのようなノウハウの中で汎用性の高いものをいくつか紹介したいと思います。

アクティブ・ラーニングが うまくいっているかどうか、 集団の流動性に注目しよう

▶ やる気のない後ろのグループをどう動かすか

　大学の大教室での講義の時、学生がどこに座るかでその授業に対する学生の熱意がわかります。常識的にもわかると思いますが、熱意のある学生は前列に座り、熱意のない学生は後ろに座ります。とくに熱意のない学生は後ろの出入り口近くに座ります。

　子ども達に自由にグループをつくらせると、後ろの方にやる気のない子ども3、4人がグループになります。多くの教師はその子達に注意をします。しかし、彼らは注意した直後は勉強する「ふり」をしますが、すぐに元の木阿弥になります。

　その子達を動かせるのは教師ではなく、クラスメートの「いっしょにやろうよ」という声がけなのです。

▶ 教師の意図を理解して動く子に働きかける

　クラスのマネジメントで有効なセオリーのひとつに「ダメな子を動かそうとしない。その代わりに動く子を動かす。その子どもによってダメな子を動かす」というものがあります。

　どのクラスにも2割ぐらいは教師の言うことを聞かない子どもはいます。しかし、逆に言えば、どのクラスにも教師の言うことを聞く子どもは2割います。いままでの授業では、その子達は自分がまじめに勉強すればOKなのです。しかし、アクティブ・ラーニングでは「全員がわか

ることが大事だ、一人を見捨てるクラスは２人目を見捨てる、３人目を見捨てる、４人目は自分かもしれない。だから、一人も見捨ててはいけないよ」と言うと、その子達は他の子のために動きます。教師はその子を動かす意図で、「全員」に語るとよいのです。

クラスのリーダー層の流動性を意識する

　遊んでいるグループが生じているときはわかりやすいですが、仮に、そのようなグループがなかったとしても、**グループ構成がほとんど変わっていないならば「必ず」集団は腐っています。**
　人には相性があります。だから、遊ぶときは相性のいいもの同士が集まります。それが自然です。もし、学習場面でも集団が固定化しているならば、相性のいいもの同士が集団をつくっているのです。その理由は手を抜いており、遊びと同じ状態になっているからです。もし、全員が高まろうとするならば、必ず集団は流動化しています。
　ただし、全員が流動化しているわけではありません。
　我々はよい状態のクラスが毎回、どんなグループをつくるかを調べてみました。その結果、８割ぐらいの子どもは相性のいい子ども同士で毎回グループをつくっています。ところが２割ぐらいの子どもがいろいろなグループを渡り歩いています。それによって全体が流動化しているように見えるのです。
　職場の忘年会を思い出してください。多くの人は、あまり動きません。しかし、一部の人は酒を持っていろいろなところにいっていると思います。あれと同じです（ちなみに私は、最初から最後まで動かないタイプです）。だから、クラスをリードしている子どもに注目すればいいのです。その子達がクラス全員をイメージして動いているかいないかを観るのです。ちなみに、この視点は男女の交流でも同じです。男女の壁を打ち破るのは、最初は少数の子ども達です。しかし、その子ども達が壁を打ち破れば、徐々に流動化します。

2人グループが多い
クラスは不安が強く、
学びが進まない

▶ 2人グループが多いのはなぜか？

　小学校高学年以降になると2人グループ化が生じます。とくに女子で顕著です。トイレにも一緒に行くようになります。教師としては、これが気になって仕方がありません。「前回一緒だった人とは一緒に勉強しないこと」のようなルールを課したくなります。しかし、それは絶対にやめてください。もし強制的に2人グループを引き裂くと、2人とも殻に閉じこもってしまうでしょう。

　2人グループの子ども達は、なぜ強くつながろうとしているのでしょうか？　仲がいいのでしょうか？　違います。

　我々はこんな実験をしました。クラス替えの前年の学年の3学期に、子ども達に仲がよい子どもの名前を書かせました。みごとに2人グループ化していました。さらに、クラス替えで別なクラスになったら関係はどうなるかを聞くと、全員が仲よしのままであると応えました。

　クラス替えの発表の日に、学校中にカメラを設置し、子ども達の人間関係を調査しました。その結果、クラス替えで別なクラスになった子どもの人間関係はその日のうちに解消されました。

　子ども達は仲がいいから2人グループ化していたわけではありません。クラスで「好きなもの同士で」と言われたとき自分がひとりになることが不安なのです。その保険なのです。だから別なクラスになれば保険の価値がなくなる。だから関係を解消します。

　『学び合い』のアクティブ・ラーニングにおける2人グループの挙動

を記録しました。その結果、2人グループでほかのグループに入ることを繰り返していました。しかし、やがて2人が別々なグループに入るようになりました。自分がひとりぼっちにならないと確信すれば保険の必要もなくなります。2人グループの数は「ひとりぼっちにならない安心」に反比例するのです。

▶ より子ども同士の交流を進める働きかけ

　政府の統計によれば、起業した企業の3割が10年間で倒産し、20年で半分が倒産します。今後、企業の寿命はもっと短くなるでしょう。一方、子ども達の働く期間は長くなります。いまは60歳定年ですが、65歳に移行しつつあります。年金の受給開始年齢に合わせているのです。子どもが老齢になる頃には70歳、75歳になるでしょう。即ち、子ども達は50年以上も働くのです。したがって、子ども達は失業を1、2回経験するのが普通になります。中高年での再就職は難しいのは世界各国同じです。アメリカの社会学者によれば、知人が多数で多様であることが再就職できるか否かを決めるそうです。つまり、ハローワークではなく、口コミで働き口を探すことが有効なのです。

　さて、みなさんが就職してから得た「知人」はどんな人ですか？　おそらくほぼ全員が同じ業界、つまり教員仲間だと思います。でしょう？

　これはどの業界でも同じです。忙しい中で知り合う機会のある人は、いっしょに仕事をした人なのです。企業に勤めた人は同じ企業の人です。もし、その企業が倒産したら、知人は同時に失業です。人様のことをサポートしている余裕はありません。

　つまり、子ども達が中高年になって失業したとき、再就職できるか否かは、就職以前の学校でどれだけの知人を得られるかで決まるのです。**集団の流動性は、子ども達が「仲よしか否か」のレベルではなく、彼らが将来、危機に陥った時に、生活できるか否かを決めるものなのです。**そのように考えてください。そして、子どもに語ってください。

教師との距離感に
注目しよう

▶ 教師はなぜ必要なのか？

　『学び合い』のアクティブ・ラーニングをしているクラスで、「勉強の時に役立つものは何？」と聞きます。選択肢は、教師、教科書、友達の３つです。回答では、圧倒的１位は友達で、次に教科書、教師は最下位です。教師にとってはショッキングだと思います。しかし、仕方がありません、友達は気軽に聞けますし、難しい言葉を使わずに説明してくれます。

　その同じ子ども達に、「では、教師はいなくていいか？」と聞くと子ども達は「必要」であると応えます。勉強にはあまり役立たない教師が必要とされるのはなぜでしょうか？

　いろいろな子ども達が関われば問題を起こします。わがままも出ます。その際、「一人も見捨てずに」という基本を押さえるには教師が必要であることを子ども達は知っているのです。

▶ 教師の役割はどうあるべきか？

　アクティブ・ラーニングにおける教師の立ち位置、子どもとの間合いは、学校における教諭であるあなたにとっての校長の立ち位置、間合いなのです。あなたも学校でいろいろなことがわからなくて悩むことがあると思います。それをどうやって解決していますか？　おそらく同じ学校の先生に聞くと思います。本を読むと思います。しかし、校長に相談

することはほとんどないと思います。なぜですか？　その理由が、アクティブ・ラーニングにおいて、即ち、大人社会の練習としている場において子どもが教師を頼らない理由なのです。

　職員室はムラ社会です。こうしなければならないな、と思う人が多くても、一部の人が大反対すればその人達に合わせなければなりません。そんなとき校長がきちんと方針を示してくれたらいいですよね。そのような役割を果たすのが教室における教員の仕事です。

　従来型の授業における教師の立ち位置は「頼りになる先輩教師」です。しかし、アクティブ・ラーニングにおいては校長になるのです。

▶ 教師を頼る集団の状態とは？

　アクティブ・ラーニングの授業の時に、あなたのところに子どもが聞きに来たとしたら、それは、その子はあなた以外に相談する相手はいないということを意味しています。なぜなら、あなたが子ども達に与える課題は、クラスの成績が中および中の下に合わせているはずです。したがって教えられる子どもは必ずいるはずです。

　非常に言いにくいことですがハッキリ申します。あなたが新任教員で20代前半だとしても、子ども達から見ればオジサン、オバサンなのです。子ども達の年齢とあなたの年齢を比較してください。さらにいえば、子ども達の1歳の差は、大人の5歳、10歳の差に匹敵するものです。だから、そのような人に頼ること自体が「変」なのです。

　教師が子ども達に頼られるということは、クラス集団がアクティブ・ラーニングの集団になっていないという指標になります。

　なお、声に出して「教えて」という子どもばかりではありません。定期的に無記名のアンケートをすることを勧めます。その中に「先生に教えて欲しい」「遊んでいる子がいます。先生がしっかり注意して欲しい」というような要望があったら、クラス集団がアクティブ・ラーニングの集団になっていないことを意味しています。

教師にあまり頼らない
クラスをつくると
学習がうまくいく

▶ 集団を育てるために語るべきこと

　もし、アクティブ・ラーニングの授業でも、児童・生徒が教師に頼ってきたらどうしたらいいでしょうか？

　まずは応えてあげましょう。たとえば、質問に来たら教えてあげましょう。ただし、注意があります。あなたの中に「教えたい」という気持ちがあると、聞きに来る子どもは増えるでしょう。「あ〜、自分がクラスを成長させてないからこんなことが起こるんだ。ダメだな〜」と思いながら教えてください。

　上記のような不満が起こるのは、なぜ、アクティブ・ラーニングをしているかを子ども達に説明していないからです。だから説明しましょう。たとえば、以下のようにです（目の前の子どもの実態に合わせて語り方を変えてください。そして、あなた自身の経験談によって肉付けしてください）。

　「君達の中でよい交流が起こっている。素晴らしいと思う。しかし、未だに私のところに質問に来る人がいる。それも君らでも答えられるレベルのことだ。これは先生の語りが不十分だったためだ。先生は君ら全員を幸せにしたい。そのためには、君らが互いにつながらなければならない。そうでないと君らが30歳、40歳、そしてそれよりも年を取ってから大変なことが起こる。先生は教えたくって先生になった、しかし、先生が教えてしまえば、君らの関係を崩してしまう。だから、踏ん張って頑張っているんだ。君らも自分が幸せになるために、全員が幸せにな

れる仲間をつくろう」

「君らの中には『先生、もっと注意して！』という意見があった。君らの素晴らしい姿を毎時間見せてもらっている。しかし、全員ではない。これはクラスのみんながわかっていることだ。私だって注意したい気持ちがある。しかし、頑張って我慢している。なぜだろうか。先生が注意してうまくいく集団になっても、先生が見えないところではうまくいかなくなる。それではダメなんだ。それに、先生は君達が大人になったときに幸せになって欲しいと願っている。そのためのアクティブ・ラーニングなんだ。大人になったときには先生はいない。君らの中で解決できるような集団になろう。それが君達全員が幸せになるための道なんだよ」

これを語るとき、遊んでいる子どもを見てはダメです。見てしまえば、その子とあなたの問題だとほかの子ども達は思ってしまいます。
ちなみに私は私の研究室のメンバーには以下のようなことを話します。「もうわかっていると思うけど、私はものすごい心配性だ。問題があるとオロオロしてしまう。そして、いろいろな方法を考えて、私が解決しようとする。しかし、そうなったらゼミ集団がオロオロしてしまうだろう。そうなって損するのは君達だ。君達で解決しなさい。ただし、君達でどうしても解決できないならば、私に君達全員で申し出なさい。もし、それができないならば、個人的に申し出てもいい。君達で解決できないとしたら、それは集団の管理者である私の問題だ、私が解決しよう。その時は私はまず謝るよ」

私の研究室は人数が多く、指導教員に私を選ぶようなキャラの立っているメンバー達です。だからいろいろなことがあるでしょう。しかし、私がしゃしゃり出て解決するようなことは3、4年に1回あるかどうかです。

たまにゼミ生が3、4人で難しげな顔で相談していることがあります。「どうしたの？」と聞くと、「先生は知らない方がいいことです。我々に任せてください」と言われます。

テストの点数分布に注目しよう クラスで汎用的能力が育っているかどうか評価する指標になる

▶ テストの点数分布はウソをつかない

　クラスのアクティブ・ラーニングの質を判断する、もっともよい指標はテストの点数です。ただし、平均点ではありません。点数の分布なのです。

　アクティブ・ラーニングの質が高くなれば、その分散が小さくなります。アクティブ・ラーニングにおける課題づくりを習得するまでは高得点者の上昇はないかもしれません（ただし、下がることはありません）。しかし、低得点者が上昇するので分散が小さくなります。低得点者が上昇する理由は、授業中に寝ないからです。いままではチンプンカンプンで授業を聞いていない子が、まがりなりにも友達の説明を聞いているので寝なくなるからです。

　では、なぜ、平均点を指標としないのでしょうか？

　心理学に、綱を引っ張らせる実験があります。最初は、一人ひとりに全力で引っ張らせます。それによって各人の引く力がわかります。次に、2人グループ、3人グループ、4人グループと人数を増やして全力で引っ張ります。本当だったら、その引っ張る力は、各人の引っ張る力の合計になります。ところが、引っ張る人数が増えるに従って合計より小さい力になるのです。

　つまり、集団無責任になってしまうのです。

　もうひとつの理由があります。テストの平均点を上げるだけだったら簡単な方法があります。成績中の下に合わせたドリル問題を繰り返すの

です。そのドリル問題では、漢字の書き取り、基礎的文法のような即効性のある問題を中心にします。そうすれば、中の下の子どもは中もしくは中の上になります。成績中位は分布においてボリュームゾーンなので、それなりに平均点は上がります。しかし、成績下位の子どもは取り残され、フタコブラクダの分布になります。テストの点数分布を見れば、どのような指導がなされているのかは一目瞭然です。

　なお、分布が難しかったり、大変な場合は、一定の点数（小学校の場合は業者テストの期待得点）以下の子どもの数を指標としてください。最初は50点ぐらいでいいでしょう。全員が50点以上をとれるようになれば、次は55点、次は60点のように上げてください。

▶ 上位層にとってのアクティブ・ラーニングのメリット

　アクティブ・ラーニングでは成績下位層の子どもにメリットがあるのはわかりやすいですが、上位層にメリットがないと思われている方が少なくありません。しかし、メリットはあります。

　日本の子どもの２、３割は塾・予備校・通信教材で学校より早い進度で学んでいます。地方では塾・予備校は未発達ですが、通信教材で補っています。そして、保護者の半数は４年制大学卒業生です。

　つまり、成績中及び中の下に合わせている授業は上位層の子どもにとって意味がほとんどないのです。成績下位層の落ちこぼれは問題ですが、成績上位層のふきこぼしも重大な問題なのです。アクティブ・ラーニングでは教える機会を得ることができます。それによって塾・予備校の暗記では説明できないことを経験し、より深い学びが実現できます。

注　テストの点数を上昇させたいならば、『子どもが夢中になる課題づくり入門』、『簡単で確実に伸びる学力向上テクニック入門』（いずれも明治図書）をご参照ください。

子ども達を評価するとは どういうことか

> アクティブ・ラーニングだからできること

　子どもが主体的・協働的に学べば、教師は板書や発問から解放されます。じっくりと一人ひとりの子どもを見取ることができます。私のホームページ（http://jun24kawa.jimdo.com/学び合い-を学びたい方へ/5-玉手箱/）の「佐藤準一先生は何をしているか」に、『学び合い』の実践者である佐藤準一さんが授業中の記録を何に着目しているかの記録が公開しています。

　ぜひ、全体をお読みください。子ども達のさまざまな変化を見取り、記録していることがおわかりになると思います。このような記録をごく普通に記録しつづけられることは現状の授業では不可能です。

　子ども達を理解するとは何かを考えて欲しいと思います。

　以下はその一部です。個人名などは●で伏せております。

　6/02 ●、●、●：いつものように一人でやるが、話題はいろいろと関わっている。

　●、●が参加。「元が日本を攻めて負けた」ということを議論し合う。一人ひとりが自分の考えを話し、それに対して、自分の意見をぶつけるといった感じ。そして、この元寇で（ご恩と奉公）の関係が崩れていって、幕府の滅亡に繋がっていく様を話し合う。ここで、俄然説得力のあったのは●。前時、余り分からなかったとの自己評価を初めて B にしていたので、本人も自信たっぷりに説明。聞くところによると家で予

習をしてきたとか。これにつられた、●、●、そして、●などが参加。素晴らしい議論が展開された。このように、一つのことをしっかりと話し合って結論を持つことができるようになったことに子ども達の凄さを感じた。

　●：多目で黒板を使い、授業。●先生から連絡を受け見に行く。●をはじめとして数人が授業を受けている。その中に、なんと●が入っている。●の隣に座り、●からいろいろ指示されながら授業を？感激。いままで教室で何もしない姿ではなく、自ら椅子を運び、教科書を持って。いままで私はいったい何をしていたのか。子ども達の力に脱帽。素晴らしい光景を見させてもらった
今日に感謝。

※ 素晴らしい授業だった。いままで「学び合い」を続けてきて本当によかったと思う。これだけの力を出せる子ども達に巡り会えたことにドキドキしてしまった。中学生でもできる議論。私がどんなに勉強させようと●に関わってきた時間が、仲間によってあっという間に勉強をしている姿。やはり子ども達の力は素晴らしい。子ども達は有能だということを実感。以前感動したことがあったが、今日は「感激」した授業だった。これが続いてくれることを願う。

追伸：観点別の評価も徐々に理解して、評価になってきていることにも驚きを感じる。素晴らしい子ども達。素晴らしい「学び合い」後は、いかに成績を上げるか。だ。●くんの感想の中に、教えてよくわかるって書いてあったね。「だって予習したんだもん」って言った人もいたんだ。やり方が分かったと思うので続けてください。

　これだけの記録があれば、要録に書くことがないと悩むことはないですね。

COLUMN

『学び合い』によるアクティブ・ラーニングのノウハウ

　『学び合い』の授業はものすごくシンプルです。簡単に説明しましょう。
　教師は課題を用意します。まあ、自習課題のようなものです。授業の最初にその課題を提示します。そして、一人の例外もなく達成することを求めるのです。この一人も例外もなくというのが『学び合い』の肝なのです。これを押さえれば、クラスの子ども達は支え合います。その結果として、学習面での低位層の底上げが実現します（結果として平均点はものすごく上がります）。
　最初の教師の語りは3分ぐらいで、あとは子ども達に任せます。子ども達は立ち歩き、相談しながら解決します。最後の5分間ぐらいでまとめをします。ただし教科内容のまとめではなく、子ども達の行動を評価するのです。その語りは部活の顧問の最後の語り（やる気を出させるために、短く、良い点と、これからの課題を伝える語り）に一致します。
　これだけです。
　このシンプルな授業を、小学校、中学校、高等学校、高等専門学校、大学のあらゆる教科で、20年前から数千人の人が実践しているのです。これだけシンプルですので、起こるような問題は出つくしています。多くの人がその解決方法を模索します。それが実践者の中で共有され洗練されます。
　そのため『学び合い』のノウハウの完成度はきわめて高いものです。本章で一部を紹介しましたが、その他のノウハウに関しては『子どもたちのことが奥の奥までわかる見取り入門』（明治図書）をご参照ください。

第5章

これからの日本の教育の方向性とは？

　次期学習指導要領の特徴はいろいろありますが、いままでのそれとの決定的な違いは入試とリンクさせていることです。
　これからの時代に対応する人材をできるだけ早く育てなければなりません。そのために早急に教育を変えねばなりません。日本の社会状況は、もはや教育をこのまま放置していてはどうにもならないほど追い詰められてしまっているのです。そのため、今回の学習指導要領改訂では、教育改革を「禁じ手」の入試改革とセットにしたのです。

教師も知っておきたい、これからの日本の状況

▶ 出口がない不景気に突入している日本

　子ども達が生きる未来の日本はどのような社会なのでしょうか？　それに関してはさまざまな予測や統計がありますが、社会のあり様を端的に示すのは人口構造です。

　各種統計によれば、日本の人口は今世紀末までに3分の2に減ります。そして、65歳以上の人口が1割増えます。そして、日本のGDPのほとんどを占めているのは国内市場です。

　以上のことから、日本が今後、不況になることは自明です。その不況は働き盛りの人口が増えてこない限り解決しません。ということは本書を手に取っている人の存命中は不況を脱しないことを意味しています。

　おそらくは子ども達の存命中もそうでしょう。どんな優れた政治家が優れた経済政策をしたとしてもマクロに見れば変わりがありません。

　「平成不況はトンネルの出口が見えない」と言われることがあります。平成不況はトンネルではなく洞穴なのです。出口など、そもそもありません。

▶ 今後は非正規雇用があたり前の時代になる

　日本は1950年代からずっと基本的に好景気でした。好景気の場合は人不足です。だから企業は終身雇用・年功序列で人を確保しようとしていました。もし不況が続けば、終身雇用・年功序列を維持するメリット

は企業にはありません。現在は建前上、終身雇用・年功序列を維持していますが、実態において崩れています。そして、新規採用者に対しては終身雇用・年功序列の権利を与えないようにしています。それが非正規雇用の増加です。

もし、ある人が給料分の稼ぎをするならば、企業は何人でもそのような人を正規採用します。現在、非正規雇用が増えているのは、正規雇用の給料を与えるだけの働きをできないと企業が判断しているのです。非正規雇用の増加に関して企業が非難されることは少なくないですが、稼ぐ以上の給料を出す義務は営利企業にはありません。

▶ 子どもを社会人にすることに小・中・高・大とも責任を持つべき

あたり前のことを書きます。

学校は子どもを大人にするところです。これに小中高大の教師は反対しないと思います。教育基本法には「平和で民主的な国家及び社会の形成者」を育成することを求めています。

大人は職業に就かねばなりません。これにはちょっとためらう人もいるかもしれませんが、憲法に「第二十七条　すべて国民は、勤労の権利を有し、義務を負ふ。」「第三十条　国民は、法律の定めるところにより、納税の義務を負ふ。」とあります。

したがって、学校を卒業した子ども達は、勤労し、納税できる職業に就かねばなりません。そして、どの人を採用するかは使用者が決めます。憲法には、企業は採用しなければならないとは書いていません。ということは、学校は使用者が求める大人を育てるところです。少なくとも、どの企業も必要としない大人を育てたらアウトです。

ですので、小中高大の教師は社会がどのような人を求めているかを無視できません。それを無視して、学校でだけ通用するようなルールで子どもを育ててはいけない時代になっているということです。

学校は本当に子どもの生きる力を育てているのか？

> 就職できる力をつけるのがいい学校

　ある人からあるシンポジウムのことを聞きました。そこでは来たるべき社会に対応するために、社会（企業）で必要とされる能力をいかに大学が与えるかという実践が報告されたそうです。その後に、高校生が「大学は勉強のやりたい人が行くところで、仕事に就くために行くところではないと思う。大学をどんなところだと思いますか？」（伝聞なので正確ではありません）と質問したそうです。

　西川先生だったらどう応えますか？　とその人から聞かれました。私ならば以下のように応えます。

　「君のように自分の学びたいことを学ぶために大学に行く人もいる。でも、就職するために大学に行く人もいる。そのような人のためには、企業で必要とされる能力を確実に学べる大学は必要だと思う。

　君のような人は、君が学びたいことを学べる大学を選んでください。

　ただし、君が学びたいことを学んだ大学を卒業した後に、君を採用し、給料を与える義務は企業にはないよ。君が就職を願うとしたら、自分が採用に値する人であるかを証明する責任は君にある。

　だから、君が就職するつもりがあるならば、君自身が自分の学びたいと思ったことが採用に値するものであることを、証明しなければならない。

　どのような大学に進学するか、君が判断しなさい。ただ、私の子どもからアドバイスを求められたら、個人で説明責任すべてを背負うのは大

変だよ、とアドバイスするね。だから、自分の学びたいことを学べる大学より、企業がその大学の学生を採りたがるような、就職率のよい大学をすすめるね」

いかがでしょうか？　おそらく、小学校、中学校、高校の先生方だったら、「そりゃそうだ。大学で就職の世話をちゃんとしてもらわなければならない」と思われると思います。事実、大学は就職率で評価され、大学も「面倒見のいい大学」であることをアピールしています。

小学校、中学校、高校と就職

さて、小学校、中学校、普通科高校の先生方におうかがいします。みなさんは就職のことを考えて教育を行っていますか？　いないと思います。小学校の先生は、それは中学校以降の仕事であり、子どもの発達段階からいって無理だと思っているのではないでしょうか？

中学校の先生は、中学生はまだどの職業になりたいか決まっていない。また、中学校の段階で選択肢を狭めるべきではない。高校になってから職業を決めてからの話だと思っているのではないでしょうか？

普通科高校の先生は、高校生には文系・理系、せいぜい学部程度を決めるのが精いっぱいだ。大学に入ってからじっくりと職業を決めればいい。とにもかくにも、進路の選択肢の幅を広げるために、テストの点数を上げなければならないと考えているのではないでしょうか？

そして、大学の教師は、大学は学問の奥深さを極めるところで、それによって問題解決能力を育てることができる。それはどの職業に進んでも必要なことだと思っているのです。

つまり、小中高大の先生・教師の誰も、就職に直結する能力を与えることは自分の仕事ではないと思っているのです。だれもが、それはもっと大人になってからと考え、大学は「職場のことは職場で学べばいい」と企業に丸投げしているのです。それは小中高でも同じです。

小学校だから、中学校だから、高校だからという甘えは許されない

▶ 終身雇用が崩れていく社会

　一方、いままで企業は学校教育に期待していませんでした。ここまでは、まあ、フィルターとしての役割を期待しているにとどまっています。逆に、大学院修了では使いにくいと敬遠するほどです。まっさらな新人に教育を行い、育てます。

　しかし、これが成り立つのは終身雇用だったからです。仕事もできない新人に教育を施し給与も与えても、30、40年間の雇用の中で帳尻は合います。ところが、不景気な日本は終身雇用を維持できません。実は1950年代以前の日本には終身雇用はありませんでした。そして、世界中ずっとそうです。有期雇用の社会では、給料分の働きができない人は採用されず、採用されたとしても無給です（昔の商家の丁稚や職人の見習いはそうでした）。それが非正規雇用の増えている理由なのです。

　実際に、**最近は大手企業が、新卒の一括採用をやめて、通年で経験者を採用するように方針を転換し始めています**。ニュースにもなっているのでご存じの方も多いでしょう。これは、いまだけの珍しい試みなのではなく、これからはそれが普通になっていくということなのです。

▶ 全ての教師が就職を意識すべき

　源氏物語を専攻した学生が採用後すぐに仕事ができるでしょうか？ごく限られた職業（たとえば研究者）以外は無理です。そのため、現在、

就職後の知識・技能に一対一対応する教育を行う専門職大学の創設が検討されています。

さて、この専門職大学（創設）の改革を成功させるためには、高校「入学」段階で「どのような職業」ではなく「どの職業」という指向性をハッキリと持たねばなりません。今後、大学は高校3年間の中で「その職業」の能力をどのように高めているかで受験者を評価します（欧州大陸の学校はそうやっています）。高校3年生の1年間の付け焼き刃では無理です。

したがって、中学校段階で「どのような職業」ではなく「どの職業」を決定できる教育が必要なのです。それが成功するには、小学校段階で「どの職業になりたいか」と考え、そのための情報収集をできる子どもに育てなければならないのです。

終身雇用が崩れる今後の日本においては、どの学校段階の教師も「就職」のことを丸投げできないのです。

『新しい時代にふさわしい高大接続の実現に向けた高等学校教育、大学教育、大学入学者選抜の一体的改革について（答申）』（平成26年12月、中央教育審議会）には、現在のセンター入試を廃止し、新たなテストを創設することが書いてあります。しかし、日本のトップ大学は独自に入試改革を始めています。

2015年4月から、入管法が改定されました。それによれば、特別な技術・技能を持っている人（具体的には研究者や経営者）は日本人と同様に働けるように変わりました。

日本のトップ大学（たとえば東京大学）も焦っています。アジアの大学の成長は著しく、世界ランキングで追い越されつつあります。先に書いた入管法の改正によって、そのような海外の大学出身者が、日本のトップ大学の卒業生が就いていたポストを奪いつつあります。いままでは日本国内で敵なしで、そのネームバリューで就職が可能だったのが、状況が変わりつつあります。それゆえに焦っているのです。

備考　本章の内容の詳細に関しては、本書末の「読書ガイド」の「アクティブ・ラーニングとは何か？」の項目をご覧ください。

エリートのための入試改革

▶ エリートのための入試改革が進んでいる

　日本の危機的な状況に対して、政府が何もせず手をこまねいているわけではありません。

　次期学習指導要領の諮問がされたのと同じ時期に、2つのことがありました。第一は大学入試改革です。平成26年12月22日に『新しい時代にふさわしい高大接続の実現に向けた高等学校教育、大学教育、大学入学者選抜の一体的改革について（答申）』（中央教育審議会）が出されました。

　また、スーパーグローバル大学創世支援事業が始まりました。この事業は、日本のトップ大学の教育方法を根本的に変えるため、一部大学に集中的に予算をつけるものです。

　人口が減少する日本が生き残るためには、一人ひとりの生産性を高めるしかありません。とくに、ノーベル賞級の発見をする人材を養成し、その発見をコアにして新規事業を興せば日本は潤います。ノーベル賞受賞者を多数輩出しているのは英米の大学であり、とくにアメリカのアイビーリーグといわれるトップ大学群です。そのため、日本のトップ大学をアメリカのトップ大学のようにしようとしているのです。そのために、スーパーグローバル大学創世支援事業が始められたのです。

　同時に、そのようなアメリカのトップ大学の教育に耐えられる生徒を選抜しなければなりません。それが『新しい時代にふさわしい高大接続の実現に向けた高等学校教育、大学教育、大学入学者選抜の一体的改革

について』なのです。

改革の波及効果は絶大

　アクティブ・ラーニングとは、アメリカのトップ大学の教育手法です。そこでは教師は長々と説明はしません。教員は学生が読んでおくべき本・論文を指定します。学生はそれらを事前に読み込みます。授業では学生同士が議論するのです。教員はその議論の行司役をつとめます。また、各学生が基礎となる本・論文を読み込み、自らのアイディアを加えていることを評価します。

　膨大な本・論文を読み込み、自ら理論を発展させられる学生は多くはありません。選抜が必要です。それはアメリカのトップ大学でも同様です。しかし、数百年にわたる歴史の中でそれは洗練されてきています。東京大学で推薦入試が始まり、京都大学で特色入試が始まりました。その試験方法、試験問題は従前の日本の試験とまったく異なるため、日本の受験界はその意義について懐疑的です。

　しかし、もし日本のトップ大学がアメリカのトップ大学のようになろうとしていることを理解すれば、推薦入試も特色入試も今後広がることは自明です。

　もし、東京大学が入試制度を変えたならば、東京大学に合格させようとするトップ高校の教育は変えなければなりません。トップ高校はその教育に耐えられる生徒を選抜するようになるでしょう。そうなれば、トップ高校に入ろうとする生徒がいる中学校（つまり全中学校）はそれに対して対応しなければならないのです。そして、その事を知っている保護者は自分の子どもが通う小学校にアクティブ・ラーニングを推進するように要求するでしょう。もちろん、そのような保護者は一部です。しかし、オピニオンリーダーである可能性は低くありません。

　入試制度で改革を推進しようとする方法は強力であることがわかると思います。

一般の入試改革は
どうなるのか

▶ 入試改革の難しかった一般の大学

　私は、上越教育大学という大学に勤めています。

　上越教育大学は大学院を中心とした大学で、他大学の一般的な教員養成系学部の2倍のスタッフで構成されています。博士課程までそろった数少ない教員養成系大学です。教員採用率は開学以来ずっとトップグループを維持しています。しかし、偏差値は必ずしも高くありません。開学当初から勤めていた先生からその理由を聞いたことがあります。

　新構想大学として開学した最初の入学試験のことです。初期スタッフは初等教員養成課程として志に燃えていました。最高の小学校の教員を養成したいと願ったのです。小学校ではすべての教員が実技を担当します。そこで入学試験に実技を課し、その比重は高めでした。

　地元の進学校は地元に開学した本学に期待を持っていました。そこで、その学校の優秀な生徒を受験させました。

　ところが、その学校が自信を持って受験させた優秀な生徒の多くが不合格だったのです。理由は実技科目で点数が取れなかったからです。

　次の年から地元の進学校は生徒を受験させませんでした。理由は「結果が読めない」からです。

　東京大学、京都大学であれば、どんな試験をやったとしても優秀な生徒が受験します。なぜならば、その大学の代わりがないからです。

　ところが、多くの場合は同じレベルの大学で比較されます。いままで

通りの試験であれば結果が予想できます。もし、予想できない試験をすれば、避けられるのは当然です。それゆえ、どの大学も先に述べたような大胆な改革は避けるのは当然です。

▶ 厳しい中で改革が迫られている

　大学の世界ランキング上位にいつもランクインしている、アメリカのトップ大学群であるアイビーリーグは、入学試験にものすごい時間と金と労力をかけます。

　一方、日本の大学の入試はそうではありません。多くの大学教員にとっては「本業ではないサービス業務」です。なぜ、日本の大学とアイビーリーグには違いがあるのでしょうか？

　最大の違いはスタッフだと思います。アイビーリーグの入試はアドミッションオフィスという組織の専任スタッフがすべてを取りしきります。教授、准教授はそれに関わらないのです。専任スタッフが年間を通して情報収集し、入試の方針を定め、実施するのです。

　ところが、日本の大学には、そのようなスタッフを雇う余裕がありません。

　研究費を切り詰めて人件費を補っている大学も少なくありません。そのような大学の場合、教授の年間の研究費が５万円程度に切り詰められていることさえあります。そのような大学に専任スタッフをひねり出す余力はありません。

　しかしながら、改革はせねばなりません。

　そこで、一般の大学のための入試改革として、まずは大学の３つのポリシー（次のページに詳しく書きました）をきちんと打ち出すように、という文部科学省の方向性が示されています。

　この３つのポリシーを各大学が本当に文部科学省の意図に沿ってつくれるかどうかによって、各大学が実は文部科学省から試されています。

これから重視されるのは「協働」できる力である

▶ 新しく「学力の3要素」に加わった「協働」

　81ページで言及した文部科学省が大学に求めた3つのポリシーとは、平成28年3月に発表された『「卒業認定・学位授与の方針」(ディプロマ・ポリシー)、「教育課程編成・実施の方針」(カリキュラム・ポリシー)及び「入学者受入れの方針」(アドミッション・ポリシー)の策定及び運用に関するガイドライン』(以下、ガイドライン)で求めるポリシーのことです。

　その中では、先に紹介した『学士課程教育の構築に向けて』(平成20年12月、中央教育審議会)と『新たな未来を築くための大学教育の質的転換に向けて』(平成24年8月、中央教育審議会)という2つの答申の関係を述べています。

　しかし、『学士課程教育の構築に向けて』の中で3つのポリシーに触れられているのは以下の1カ所のみです。

　改革の実行に当たっては、明確な「三つの方針」に貫かれた教学経営を行うことが肝要である。大学の個性・特色は、各機関ごとの学位授与の方針、教育課程編成・実施の方針、入学者受入れの方針(将来像答申の述べるディプロマ・ポリシー、カリキュラム・ポリシー、アドミッション・ポリシーに対応)に具体的に反映されるものである。

　また、『新たな未来を築くための大学教育の質的転換に向けて』には直接3つのポリシーに直接触れられているところはありません。

　ところが、ガイドラインの中では「過去の答申におけるこのような考

え方を踏まえると，3つのポリシーを構成する各ポリシーについての基本的な考え方は，一般的に以下のように整理することができる」と書き、アドミッション・ポリシーについて以下のように書いています。

　各大学，学部・学科等の教育理念，ディプロマ・ポリシー，カリキュラム・ポリシーに基づく教育内容等を踏まえ，どのように入学者を受け入れるかを定める基本的な方針であり，受け入れる学生に求める学習成果（「学力の3要素」※についてどのような成果を求めるか）を示すもの。※（1）知識・技能，（2）思考力・判断力・表現力等の能力，（3）主体性を持って多様な人々と協働して学ぶ態度

▶ 学力の3要素がなぜここに登場するのか？

　上記の文章で注目すべき点は「学力の3要素」です。少なくとも、先に挙げた『学士課程教育の構築に向けて』と『新たな未来を築くための大学教育の質的転換に向けて』の中にはそのような言葉はありません。
　「何をそんな細かいことまで」と思われるかもしれません。しかし、役人は言葉をもの凄く大事にします。なんとなくとか、勢いで文章を書きません。過去の文章を踏襲して言葉をていねいに使います。したがって、答申を最終的に出す前にはちゃんとチェックしているはずです。**ところが、明らかにいままでになかった「学力の3要素」と入れたならば、そこには何らかの意図があります。**
　現行学習指導要領における学力の3要素は以下のとおりです。
　（1）基礎的・基本的な知識・技能，（2）知識・技能を活用して課題を解決するために必要な思考力・判断力・表現力等，（3）主体的に学習に取り組む態度、です。
　両者を比較すると前者の（3）に「協働」が入っている点が特徴です。では、いつから協働が学力の3要素に含まれるようになったのでしょうか？
　それは『新しい時代にふさわしい高大接続の実現に向けた高等学校教

育、大学教育、大学入学者選抜の一体的改革について』(平成26年12月、中央教育審議会)からです。その中で以下のように書かれています。

**　学力の三要素を、社会で自立して活動していくために必要な力という観点から捉え直し、高等学校教育を通じて(ⅰ)これからの時代に社会で生きていくために必要な、「主体性を持って多様な人々と協働して学ぶ態度(主体性・多様性・協働性)」を養うこと、(ⅱ)その基盤となる「知識・技能を活用して、自ら課題を発見しその解決に向けて探究し、成果等を表現するために必要な思考力・判断力・表現力等の能力」を育むこと、(ⅲ)さらにその基礎となる「知識・技能」を習得させること。大学においては、それを更に発展・向上させるとともに、これらを総合した学力を鍛錬すること。**

　ここに書かれていることと、現行学習指導要領の学力の3要素の表現を融合したのが「(1)知識・技能,(2)思考力・判断力・表現力等の能力,(3)主体性を持って多様な人々と協働して学ぶ態度」なのです。つまり、ガイドラインは『新しい時代にふさわしい高大接続の実現に向けた高等学校教育、大学教育、大学入学者選抜の一体的改革について』の延長上にあり、**かなり強引に「協働」を学力の3要素に入れたのです。**

　ガイドラインに従って、これから各大学はアドミッション・ポリシーをつくらなければなりません。3ポリシーの中で一番具体的に書かねばならないのはアドミッション・ポリシーです。他のポリシーは美辞麗句で書いたとしても、それを具現化するものを「端的」に示さなければならないのです。

　そしてアドミッション・ポリシーの策定に関して以下のように書いています。読んでください。かなり細かいことまで具体化して示すことを求めています。

- **ディプロマ・ポリシー及びカリキュラム・ポリシーを踏まえるとともに,「学力の3要素」を念頭に置き,入学前にどのような多様な能力をどのようにして身に付けてきた学生を求めているか,入学後にどのような能力をどのようにして身に付けられる学生を求めているか等**

を，具体的に示すこと
- 入学者選抜において，多様な入学希望者に対してアドミッション・ポリシーに明示された様々な能力や入学者に求めていること等の水準を判定するために，どのような評価方法を多角的に活用するのか，それぞれの評価方法をどの程度の比重で扱うのか等を具体的に示すこと

　私がなぜこれらの中で「協働」に反応したのか、わかりますか？

　「（1）知識・技能，（2）思考力・判断力・表現力等の能力」はペーパーテストで評価できます。ところが、「（3）主体性を持って多様な人々と協働して学ぶ態度」はペーパーテストで評価することはできません。大学の入試の中でも、推薦入試などの一部においては、面接、ディベート、集団討論、プレゼンテーションが取り入れられていました。しかし、今後は受験生全員に対してそれをしなければならないのです。どれほどの手間がかかるか考えてください。おそらく急に圧力はかからないと思います。しかし、今後、大学の学長は文部科学省から以下のような質問を受けるのです。

　「「卒業認定・学位授与の方針」（ディプロマ・ポリシー）、「教育課程編成・実施の方針」（カリキュラム・ポリシー）は素晴らしいですが、それと御大学の入学試験の評価方法と対応していませんが、それを説明してください」

　「この入学試験では（1）知識・技能，（2）思考力・判断力・表現力等の能力は評価できます。しかし、（3）主体性を持って多様な人々と協働して学ぶ態度は評価できないように思えます。それを説明してください」

　この質問を受ける学長達は、絶対に「協働」を評価できる入学試験をやらねばならなくなります。

進学の常識が変わる

> 変わってしまった進学神話

　日本人の多くが「中卒より、高卒。高卒より大卒。同じ高校・大学だったら偏差値の高い方が安定した生活を保障する」という単純なモデルを信じています。ところが、現実はまったく違います。

　いまは、かつての普通科高校の就職先の新入社員は、Ｂランクの大卒が占めるようになりました。そのため、普通科高校の卒業生の就職口がなくなり、普通科高卒の就職希望者もしかたなく大学に進学しています。しかしその子達が大学に進学したとしてもＣランク、Ｄランクの大学に入ることになり、その大学を卒業後に就職できないという現実があります。その結果、Ｃランク、Ｄランクの大学卒よりも偏差値の低い職業科高校卒のほうが、正規採用になる可能性が高い事例が多くなっています。

　大学間でも同じような逆転現象が起きています。企業は即戦力を求めています。ところが高偏差値のアカデミックな大学では即戦力につながるような授業が不十分なところがあります。その結果、偏差値の低いけれども即戦力につながるような能力を育成する大学（福祉系や保育系など）を卒業するほうが正規採用されるようになっています。

　この変化を教師自身が学ぶことも大事ですが、子どもや保護者も学ぶ必要があります。保護者は「中卒より、高卒。高卒より大卒。同じ高校・大学だったら偏差値の高い方が安定した生活を保障する」という単純なモデルを信じているからです。

▶ 不確定な時代を生きるためのつながり

　すでに東京大学、京都大学の入試改革は始まっています。そして、先に書いたように、その他の大学も改革から逃れられなくなります。しかし、いま日本人の半分は大学に進学しません。大学に進学しない人には関係しないのでしょうか？

　そんなことはありません。日本人全員に関係があります。

　先に述べたように非正規雇用の割合は増えてきています。いま、大学及び高校を卒業し、最初に職に就く人の4割は非正規雇用です。そして、この割合は今後、増えていきます。

　非正規雇用はいつ解雇になるかわからない不安定な立場です。しかし、正規雇用が安定しているとも言えません。不景気になり終身雇用が有名無実化しています。企業の寿命は短くなっています。企業が起業して10年で3割が、20年で半数が倒産する時代です。**つまり、だれもがいつ失業するかわからない時代を子ども達は生きなければならないのです。**

　失業したら再就職しなければなりません。ところが、中高年の再就職は厳しいです。65ページでも紹介しましたが、アメリカの社会学者が失業し再就職できた人に再就職できたポイントを聞きました。その結果、多様で多数の「知人」を持っている人が再就職できるのです。

　ハローワークではなく口コミの情報が再就職のポイントなのです。しかし、その再就職の情報源は親兄弟や親友ではないのでしょうか？　第1に、親兄弟や親友は関わる時間が多いため、お互いに持っている情報が似ているのです。そのため、新たな情報を得ることが難しいのです。第2に、数十人、数百人の知人を得ることは可能ですが、数十人、数百人の親兄弟や親友を得ることは不可能です。そのため、多様で多数の知人からの口コミ情報が再就職のポイントなのです。

　さて、再就職のポイントとなる知人をどこで得たらいいでしょうか？　みなさんが就職して教師になってから得た知人は、同じ業界の教師で

はないでしょうか？　そして、その大部分は同じ職場に勤めた人だと思います。これは教師ばかりではありません。どの職業だって就職してからは忙しい、だから出会うのは同じ職場となります。さて、ある会社が倒産したとします。その会社の人は一斉に失業するのです。他人の再就職の世話をする余裕のある人はいません。つまり、再就職で大事な知人は就職前に得なければなりません。では、いつ得たらいいでしょうか？
　その答えは、学校です。

▶ セーフティネットとしての学校時代の友達

　日本には生活保護の制度があります。しかし、それでも餓死する人がいます。なぜでしょうか？
　理由の1つは生活保護という制度があることを知らないのです。
　そんなバカなと思われるかもしれません。しかし、大化の改新は教えても生活保護をちゃんと学校で教えたでしょうか？　教えてないと思います。
　ちなみに、生活保護の手続きをどこですればいいかご存じですか？
　多くの方は知らないと思います。なんとなく、「市役所かな〜」と思ってられるのではないでしょうか？　答えは「福祉事務所」です。
　さらに、生活保護を受けるための4つの条件をご存じですか？　おそらく知らないと思います。

　　1　三親等以内に援助してくれる身内がいない。
　　2　資産を持っていない。
　　3　病気、怪我などで働けない。
　　4　収入が最低生活費を下回る。

の4つの条件が必要です。
　不正受給を避けるために福祉事務所の人は4つのことをしっかりと聞

いてきます。さて、1の条件ですが、身内は頼りがいがある一方、ドロドロとした暗部もあります。3の条件ですが、自分自身は健康だが子どもに重い障害があり、つきっきりにならねばならず働けない人もいるでしょう。失業して自己効力感の下がっている人が、赤の他人の事務担当者に身内の暗部を語れるでしょうか？　説明が口ごもれば不正受給を疑い、担当者はさらに聞くでしょう。その口調は責めるように聞こえてしまうのではないでしょうか？　それに耐えられず、受給をあきらめる人も多いのです。そうした人の中から餓死者が生まれます。

　では、どうしたらいいでしょうか？

　生活保護という制度があることを教え、一緒に説明してくれる人がいることが受給のポイントとなります。さて、そのような人をいつ得たらいいでしょうか？

　学校です。

　クラスの中の子どもを一人ひとり思い浮かべください。

　就職に苦労するであろう子どもはいませんか？

　友達が一人もいない子どもはいませんか？

　昔は、そんな子どもであっても就職し、定年まで働けました。しかし、これからの時代はそうではないのです。そして、「あの子は大丈夫だ」と思える子どもも安心ではありません。どんな企業も倒産する危険性はあるのです。

　つまり学校教育は「生きるか／死ぬか」を決める場なのです。

　以上のようなことを知ったみなさんにおうかがいします。アクティブ・ラーニングの評価は「授業中に手を何回挙げたか」であると思うことはいかに愚かしいことでしょうか？　いや、実は4章までに書いたさまざまな方法もそれだけでは不十分なのです。目の前にいる子どもを幸せにするにはどうしたらいいでしょうか？

　それは我々みんなで考え続けなければなりません。以降では2つのヴィジョンを共有して欲しいと願います。

アクティブ・ラーニングで男女の交流を

▶ 集団の分離をいかに乗り越えさせるか

　小学校低学年、中学年までは男女入り乱れて遊び、学んでいても、高学年になれば男女が意識し合い、結果として集団の分離が生じます。

　小学校高学年以降で子ども達を交流させようとするとそれが問題になります。多くの教師は男女混合班を形成して分離を解消しようとします。さて、それは有効でしょうか？

　おそらく混合した班の中でリーダー格となる子どもが男子である場合、女子は及び腰になっているのではないでしょうか？　逆に女子がリーダー格になれば、男子は及び腰になっているのではないでしょうか？　教師が無理矢理に混合班をつくったとしても、その混合班の中で分離が起こってしまいます。

　無理は禁物です。一般的に固定的な班を形成すると問題が見えにくくなりますが、かえって問題を重篤化させます。想像してください。あなたが大学時代にもっとも仲のよかった人を思い出してください。その人と鎖でつながれて常に一緒であることを強いられたとしたら…。おそらく、最初は仲よしこよしでしょうが、しばらくすると大げんかすると思います。そんなもんです。だから、アクティブ・ラーニングでは固定的なグループを形成しない方がよいのです。

　固定的なグループを構成しなければ、集団の評価がやりやすくなります。男女に壁があればそれはハッキリ見えます。そして、大事なのは教師にもそれがハッキリ見えやすくなるだけでなく、子ども達も、自分達

の集団に壁があること、それを教師が見ていることをわかるのです。その中で、壁を乗り越えようと「子ども達」が考えなければ本質的な問題解決にはなりません。

▶ 重要性が増す地域での男女交流の原点として

　そもそも、なぜ男女が学習において交流すべきなのでしょうか？　たとえば、子ども達に職員室の様子を思い出させ、そこには男女の教師が働いていることを指摘します。そして、男女関係なく仕事ができなければならないことを子ども達に語る教師もいると思います。

　それもあります。しかし、男女交流にはもっと重大な意味があります。

　先に述べたように、残念ながら人口の減少する我が国は不景気になり、それは目の前の子ども達の一生涯にわたります。子ども達の半数は年収170万円の非正規雇用かそれに近い状態になるでしょう。その中で子ども達が幸せになるためにはどうしたらいいでしょうか？

　結婚することです。共稼ぎすれば170万円×2の収入が得られます。昔から「一人口は食えないが、二人口は食える」という格言があります。共稼ぎで大変なのは子育てです。したがって、ジジババに頼る必要があります。しかし、夫婦の一方の親だけに頼ればジジババも負担に耐えられないと思います。彼らも年金だけでは生きられない時代です。夫婦両方のジジババに子育てを頼めることが望ましい。その際のポイントは何でしょうか？

　伴侶を中学校区の中で見つけることです。

　このことを講演会で語ると、会場は爆笑に包まれます。しかし、私は本気です。いまの時代の価値観、ライフスタイルは1950年代以降の高度成長時代に合わせたものです。それが崩れる社会では、1950年代以前の家族が支え合うライフスタイルに戻らねばなりません。学校は「純」異性交遊の場にならねばならないのです。

地域ネットワークの
重要性

> ▶ 夜の学校が地域に開かれた場に

　私はこんな妄想を持っています。

　ここは○年後の日本です。
日本の学校ではアクティブ・ラーニングが定着しています。子ども達は自分の学びやすいところで、一緒に学ぼうと思う人と学んでいます。学年という意識も希薄です。何かがわからないと学年に関係なく聞きに行きます。男女の壁もありません。一人ひとりが、いま、やるべきことに取り組んでいます。
　夜になると学校に地域の人が集まってきます。この地域では小中学校の同級生で結婚するケースが多いので、夫婦子連れで集まってきます。酒とつまみは持ち寄りです。集まる人達は同級生や先輩／後輩関係でつながっています。互いに一緒に勉強した仲間です。
　みんなで馬鹿話をしながら笑っています。子どもの話や孫の話で盛り上がります。「そういえば鶏小屋が壊れて困っているんだよ」とある先生が言うと、腕のよい大工になった田中さんは「俺が直してやるよ」と言います。校長が「ありがとうございます。こんなにしてもらえるんだったら、昔、もっと頭をなでてやればよかった。あはははは」とお礼を言います。校長は田中さんが4年生の時に担任だった先生でした。
　田中さんの奥さんも、同じように盛り上がっています。子ども達は学校の延長上で勉強しています。赤ちゃんの世話をしている子どももいま

す。

▶ 幸せに生きるための地域ネットワーク

　そんなときです。
吉田：おい、川口がいないじゃないか？　どうしたんだ。あいつがいな
　　　いと盛り上がらないよな〜。
鈴木：吉田、おまえ知らなかったのか？　川口の会社潰れたんだよ。
吉田：潰れたのは知っているけど、まだ、再就職は決まらなかったの
　　　か？　それで川口は？
鈴木：家でごろごろしているんだよ。
吉田：バカだな〜。太田さ〜ん。いまの話、聞いたでしょ？　太田さん
　　　の所、人が必要だってこの前言ったじゃない。
太田：お〜。いまから電話するよ。
（電話する）おい川口か？　さっさとこっちに来いよ。話はそれからだ。

　おそらく、日本の不景気は続くでしょう。企業はたくさん潰れるでしょう。失業は稀なケースではなくなります。しかし、地域に小さな企業が多様にあり、それらが学校の勉強で培った人的ネットワークでつながっているならば、再就職は流動的に実現します。
　人の幸せは、人との出会いです。もし、人同士がつながっていれば、前日の夕食の残りをタッパーに入れて持ち寄る会は、銀座の一流店で飲むより楽しいでしょう。

　このような社会を実現するのがアクティブ・ラーニングの真の目的だと思います。その目的に近づいているかを評価することがアクティブ・ラーニング時代の評価の在り方です。

カリキュラム・マネジメントと評価

> ▶ 変えていくために必要なこと

　いままでにも都道府県教育委員会や市区町村教育委員会から、「これこれの手立てで授業をせよ」とを求められたことがあると思います。中には、「最初の5分間はこれこれをして、次の10分間ではこれこれをして…」のように詳細なシナリオを強いるものもあったでしょう。

　思い出してください。方法に関しては指導するのですが、結果に対しては問われませんね。つまり、その方法に従ったからこれこれの結果が出たということは問われません。なぜでしょうか？　理由は、もし結果が出なかったとき、その方法を強いた教育委員会の責任が問われるからです。結果があいまいならば、予定調和的なハッピーエンドにすることはたやすいことです。

　これは校内の研修でも同じです。なんらかのテーマを設定すると、「どうすればいいの？」と研修主任は問われます。何らかの方法を決めて全校でやります。ただし、学校にはさまざまな先生方がいます。その先生方全員が認める方法にしなければなりません。全員が認める方法とは「いまの方法」以外にありえません。それ以外を強いれば、校内に軋轢が生じると思います。そして、何らかの問題が起こればその方法が原因だと言われます。その方法を強いた人が非難されることもあるでしょう。だから、「いまの方法」に落ち着いてしまいます。

　しかし、アクティブ・ラーニングはいままでの授業ではありません。職員全員がすぐに受け入れられるものではありません。校内の研修は絶

対に必要です。それがカリキュラム・マネジメントです。どうしたらいいでしょうか？

▶ 結果を用いた研修が有効

アクティブ・ラーニングが成り立っているか否かは、テストの点数分布に表れます。これはどの学年であっても、どの学校段階であったとしても、どの教科であっても同じです。つまり学校の全職員が同じベースに立てるのです。アクティブ・ラーニングを実現する方法は決まっていません。各先生方が自身の実践をベースにして、自身の判断で決めればいい。ただし、それは「認知的、倫理的、社会的能力、教養、知識、経験を含めた汎用的能力の育成」をするものでなければなりません。そして、それはテストの点数分布に現れます。

先生方がさまざまな方法で実践し、その結果を持ち寄って研修をすればいいのです。子どもの姿に関しては、自己評価のデータを示せばいい。結果によってさまざまな方法は淘汰され、よい方法が残ります。

▶ カリキュラム・マネジメントは教師のためのもの

次期学習指導要領ではアクティブ・ラーニングと共にカリキュラム・マネジメントが重視されます。さて、カリキュラム・マネジメントとは何でしょうか？

その詳細は別の本に譲りますが、**結論から言えば「カリキュラム・マネジメントとは教師のアクティブ・ラーニング」**です。

いま進行中の教育改革は「明治当初の近代公教育の誕生」「戦後の民主主義教育」に続く第3の改革です。なぜそのような改革が必要となるのかは先に述べたとおりです。近代公教育で生まれた授業スタイルを捨ててアクティブ・ラーニングにシフトし、日本人のライフスタイルを変えなければならないのです。そのために、大学入試を改革します。その

影響は高校教育、中学校教育、そして小学校教育に波及します。学習指導要領の記述も大きく変わり、内容ばかりではなく学習全体像を規定するようになります。

　これだけの大きな変革を教師は乗り越えなければならないのです。首尾よく乗り越えられる教師もいるでしょう。本書を手にとっておられるような先生方は乗り越えられるでしょう。一方、困難な教師もいます。しかし、全教師が乗り越えなければなりません。そのために教師がチームになって乗り越えるしかありません。それがカリキュラム・マネジメントなのです。

職員室の教育力を上げるために

　上越教育大学に30年以上も勤めていると、さまざまな県の現職派遣者に出会います。上越教育大学に派遣される教師は、30代後半の教師が多くなっています。しかし、最近の傾向として、初任からずっと最若年のままで30代後半になった教師が多くなったように思います。結果として、いつまでも若手意識が抜けず、中堅に脱皮できないのです。このような教師の場合、健全に若い教師とつきあう機会を保障しなければなりません。上越教育大学の教職大学院は、それを保障しようと思っているのです。そして、多くの教師や教師集団が、自分と違う職場の若い教師に手をさしのべているのは、若い教師とつながる必要性を感じているからだと思います。

　しかし上越教育大学の教職大学院も、また、さまざまな研修団体も、すべて「その人の職場」の補完・準備にすぎません。教師の職能は、自分の教え子達との関係の中で磨かれるものです。それから離れたものは、それがいかに優れたものであっても、畳の上の水練です。学んだものを、自分の教え子への実践に自らの頭で適用し、反省し、修正しなければ血肉にはなりません。そして、それは毎日積み上げていかねばならない。そのような毎日の積み上げには、日常のつながりが必要です。そ

れをもっとも確実に実現するにはどうしたらいいでしょうか？

　私が高校教師であったときのことです。職員室の隣の部屋にお茶飲み場があり、そこで先輩の先生方と一緒にお茶を飲むのが大好きでした。それは、馬鹿話の中にためになる先輩の話を聞くことができたからです。私が失敗したとき、落ち込んだとき、先輩教師から「俺も○○ということあったんだよな〜。その時は、○○で…」とその先生の失敗談、そして解決の方法などを、クラスの様子がありありとわかるようなエピソードを聞かせてもらいました。

　先輩教師の教科はさまざまです。A先生の場合は英語、B先生の場合は数学、C先生の場合は社会、D先生は国語、E先生は体育でした。しかし、そのことに違和感はありませんでした。それは、先輩教師が語ってくれたのは教科学習の場面ではありますが、教科の内容ではなく、教科を学ぶ子どもの姿（そして教師の姿）だったからだとおもいます。

　これは中高の教師の場合は決定的です。なぜなら、教科内容でつながろうとしたならば、学校内につながれる教師が少なすぎるからです。その人同士が相性が悪ければつながることができません。そもそも教科によっては、自分一人という場合も多い。だから中高で教師同士がつながるとしたら生徒指導や特別活動が一般的です。

　しかし、教師の勝負の場、そして、もっとも悩むのは教科指導なのです。であれば、教科指導における子どもの姿を語るようにしなければなりません。それをつなぐツールがテストの点数の分布と子どもの自己評価なのです。

　カリキュラム・マネジメントの推進のためにも、評価は重要な役割を持っているのです。

COLUMN

序列崩壊で新しい大学教育が始まる

　長らく受験では「偏差値」が支配していました。
　偏差値の影響力が高い理由はそれで合否が予測できるからです。進路指導の教師も自信を持って進路指導できます。受験生も保護者もその指導を信頼することができます。
　ところが本章で紹介したように、今後の入試では偏差値が使えないのです。仮に総合点の1割でも予測不可能な数値を含んでしまえば偏差値は意味をなしません。なぜなら、その1割の点数が合否を決めてしまうからです。
　これからは、いままでの偏差値の序列では上位の大学に合格した子が、下位の大学に不合格になった、というようなことは珍しくなくなります。そうなったとき、偏差値で序列化された大学の序列が崩れてしまうのです。東京大学、京都大学などの一部のトップ校だけでもそうなれば、その波及効果は全大学に及びます。
　それはまったく新たな大学教育の始まりになる可能性を秘めています。おもしろいと思います。

読書ガイド

　西川の著書が数多くなり、どれから読めばいいか、たずねられることが多くなりました。おおよそのガイドを書きます。大きく分けて「アクティブ・ラーニングとは何か？」「『学び合い』って何？」「とりあえず『学び合い』を試してみたい」「『学び合い』を基本としたい」「『学び合い』を深めたい」「特別支援の子どもでも『学び合い』はできるの？」「教師として成長するにはどうしたらいいのか？」の7種類に分けて案内します。

●**アクティブ・ラーニングとは何か？**
　アクティブ・ラーニングは単なる授業方法ではありません。そのことを理解するにはその背景となる社会の変化を理解しなければなりません。まず、受験制度の変化を知りたいならば、**『2020年 激変する大学受験！』**（学陽書房）、**『アクティブ・ラーニング入門』**（明治図書）をお読みください。これを読めば、単なる話し合い活動ではトップ大学、トップ高校には合格できないことがわかると思います。
　上記はトップ大学、トップ高校に進学しようとする日本の1割の子どもに関係する本です。しかし、9割の子どもはトップ大学、トップ高校に進学しようとしませんし、入学しません。そもそも日本の子どもの半数は大学に進学しません。そのような子どもが一生涯幸せに生きるために何が必要かを知りたいならば、**『親なら知っておきたい学歴の経済学』**（学陽書房）、**『サバイバル・アクティブ・ラーニング入門』**（明治図書）をお読みください。お読みになると愕然とすると思います。既に「中卒より高卒、高卒より大卒。同じ高校、大学だったら偏差値の高い学校がいい」という単純なモデルは崩れています。そして、そのような社会で生き残るために学ぶのがアクティブ・ラーニングの本体であることが分かります。
　それを実現するには日々の『学び合い』実践のみならず、キャリア教育を考え直

す必要があります。そのために**『アクティブ・ラーニングによるキャリア教育入門』**（東洋館出版）を用意しました。

● **『学び合い』って何？**

　アクティブ・ラーニングを実現する選択肢の1つに『学び合い』（二重括弧の学び合い）が注目されています。そもそも、『学び合い』とは何でしょうか？　それを知りたいのならば、**『クラスが元気になる！『学び合い』スタートブック』**（学陽書房）、**『クラスと学校が幸せになる『学び合い』入門』**（明治図書）、**『すぐわかる！　できる！アクティブ・ラーニング』**（学陽書房）をご覧ください。そして、『学び合い』の可能性を実感してください。

● **とりあえず『学び合い』を試してみたい**

　『学び合い』には、シンプルな理論と徹底的に吟味・洗練された方法論があります。しかし、いままで授業と見た目が違うので戸惑うと思います（それがあたり前です）。大丈夫かなと不安になると思います。そのような方は、まずは週に1時間、もしくは2週間に1時間だけお試しで実践してください。そのためには、**『週イチでできる！アクティブ・ラーニングの始め方』**（東洋館出版）、**『『学び合い』を成功させる教師の言葉かけ』**（東洋館出版）、**『クラスがうまくいく！『学び合い』ステップアップ』**（学陽書房）をご覧ください。

　また、高校の方は**『高校教師のためのアクティブ・ラーニング』**（東洋館出版）をご覧ください。

　なお、教科別として、『すぐ実践できる！　アクティブ・ラーニング』シリーズを用意しました。既刊本として**『すぐ実践できる！　アクティブ・ラーニング高校地歴公民』『すぐ実践できる！　アクティブ・ラーニング高校数学』『すぐ実践できる！　アクティブ・ラーニング中学社会』『すぐ実践できる！　アクティブ・ラーニング中学数学』『すぐ実践できる！　アクティブ・ラーニング中学理科』『すぐ実践できる！　アクティブ・ラーニング中学英語』『すぐ実践できる！　アクティブ・ラーニング中学国語』『すぐ実践できる！　アクティブ・ラーニング高校理科』**（いずれも学陽書房）があります。なお、**『すぐ実践できる！　アクティブ・ラーニン**

グ高校国語』『すぐ実践できる！　アクティブ・ラーニング高校英語』も近日中に出版されます。その他に、『**理科だからできる本当の「言語活動」**』（東洋館出版）、『**アクティブ・ラーニングを実現する！『学び合い』道徳授業プラン**』（明治図書）があります。

● 『学び合い』を基本としたい

　週に１時間の実践を行い、ある程度、『学び合い』を理解し、『学び合い』をもっと実践するならば、『学び合い』のさまざまなテクニックの意味を理解する必要があります。私の所には日本全国の方が来られ、その事を聞かれます。その会話を再現した本を用意しました。

　『**気になる子への言葉がけ入門**』『**子どもたちのことが奥の奥までわかる見取り入門**』『**子どもが夢中になる課題づくり入門**』『**子どもによる子どものためのICT活用入門**』『**アクティブ・ラーニング時代の教室ルールづくり入門**』（いずれも明治図書）をご覧ください。

　小学校の先生は成績にこだわりません。しかし、成績にこだわらないと『学び合い』の質は高まりません。それを理解するために、『**簡単で確実に伸びる学力向上テクニック入門**』（明治図書）を用意しました。

● 『学び合い』を深めたい

　自分自身での『学び合い』が安定的に実践できるようになると、学校として取り組みたいと願うだろうと思います。そのためには合同『学び合い』がお勧めです。その方法は、『**学校が元気になる！『学び合い』ジャンプアップ**』（学陽書房）に書きました。

　「『学び合い』はどうするればいいの？」を卒業すると、「なぜ、そのようにするのか？」という『学び合い』の理論に興味が移ります。それを理解するためには、『**資質・能力を最大限に引き出す！『学び合い』の手引き　ルーツ＆考え方編**』『**資質・能力を最大限に引き出す！『学び合い』の手引き　アクティブな授業づくり改革編**』（いずれも明治図書）を用意しました。

● **特別支援の子どもでも『学び合い』はできるの？**

　結論から言えば、『学び合い』は特別支援の必要な子どもにもフィットします。しかし、本当は、特別支援の必要な子どもこそ『学び合い』をしなければなりません。それを理解するには特別支援の考え方を根本的に問い直すことが必要です。そのためには、今後の日本の社会を理解して欲しいと思います。そのためには、**『親なら知っておきたい学歴の経済学』**（学陽書房）、**『サバイバル・アクティブ・ラーニング入門』**（明治図書）をお読みください。お読みになると愕然とすると思います。子どもが幸せになるには、その子を仲間と思う子ども集団を与えることしかありません。

　実際の方法に関しては、**『『学び合い』で「気になる子」のいるクラスがうまくいく！』**（学陽書房）、**『気になる子の指導に悩むあなたへ』**（東洋館出版）をご覧ください。

● **教師として成長するにはどうしたらいいのか？**

　社会も職員室でも、「もっと頑張れ」「もっと集中せよ」と求めています。しかし、現実には限界ギリギリです。それゆえ、いま0.5％の教師が心の病で休職し、その数十倍の教師が心の病の予備軍になっています。

　教師のエネルギーも時間も有限です。使い方を考えねばなりません。そして、その中で成長し続ける必要があります。そのために採用1～3年目の先生に向けて**『新任1年目を生き抜く　教師のサバイバル術、教えます』**を、それを読んだ若い方及び4年以上の方のために**『なぜか仕事がうまくいく教師の7つのルール』**（いずれも学陽書房）を用意しました。たとえば、教材研究を深めろと言われても、毎日は無理です。それよりも声の出し方を改善することは即効性があり、効果は絶大です。どうでもいい書類に時間を取り過ぎていませんか？　仕事のコツがこの2冊でわかります。

著者紹介

西川 純 (にしかわ　じゅん)

1959年、東京生まれ。筑波大学教育研究科修了（教育学修士）。都立高校教諭を経て、上越教育大学にて研究の道に進み、2002年より上越教育大学教職大学院教授、博士（学校教育学）。臨床教科教育学会会長。全国に『学び合い』を広めるため、講演、執筆活動に活躍中。主な著書に『すぐわかる！できる！　アクティブ・ラーニング』、『2020年　激変する大学受験！』（いずれも学陽書房）、『高校教師のためのアクティブ・ラーニング』（東洋館出版社）、『アクティブ・ラーニング入門』（明治図書）ほか多数（なお、西川に質問があれば、jun＠iamjun.com にメールをください。誠意を持って返信します。また、上越に学びに来られるならば、歓迎します。旅費を出していただければ、我がゼミの学生が『学び合い』の飛び込み授業を行います）。

●実践事例執筆
阿部友貴　川崎市立下小田中小学校教諭
福島哲也　東大阪市立花園中学校教諭
鍋田修身　島根県立隠岐島前高等学校常勤講師（理科）

アクティブ・ラーニングの評価がわかる！

2017年1月24日　初版発行

著　者―――――西川　純
発行者―――――佐久間重嘉
発行所―――――学陽書房
　　　　　〒102-0072　東京都千代田区飯田橋 1-9-3
営業部―――――TEL 03-3261-1111 ／ FAX 03-5211-3300
編集部―――――TEL 03-3261-1112
　　　　　振替口座　00170-4-84240
　　　　　http://www.gakuyo.co.jp

装丁／スタジオダンク
編集／造事務所
DTP制作／越海辰夫
印刷／加藤文明社　製本／東京美術紙工

© Jun Nishikawa 2017, Printed in Japan　ISBN 978-4-313-65325-2 C0037
乱丁・落丁本は、送料小社負担にてお取り替えいたします。
定価はカバーに表示してあります。

> アクティブ・ラーニングを
> 始めたいあなたへ！
> すぐにできる！　結果が確実に出る！
> 『学び合い』によるアクティブ・ラーニング！

クラスが元気になる！
『学び合い』スタートブック

西川 純［編］ A5判・並製・148ページ　定価＝本体1,800円＋税
ISBN978-4-313-65210-1

現場の先生たちが実践から書いた具体的な実践例と始め方、困ったときのQ＆Aまでがわかる1冊！

クラスがうまくいく！
『学び合い』ステップアップ

西川 純［著］ A5判・並製・176ページ　定価＝本体1,800円＋税
ISBN978-4-313-65228-6

どんなクラスでもスムーズに『学び合い』が始められ、続けられるノウハウをすべてまとめた1冊！

学校が元気になる！
『学び合い』ジャンプアップ

西川 純［著］ A5判・並製・140ページ　定価＝本体2,000円＋税
ISBN978-4-313-65242-2

子どもの対人スキルも学力もみるみる上がる！
合同『学び合い』の始め方がわかる本！

『学び合い』で「気になる子」のいるクラスがうまくいく!

西川 純・間波愛子 [編著]
A5判・並製・148ページ　定価=本体1,800円+税
ISBN978-4-313-65269-9

たった1カ月でクラスが変わる!　劇的に「気になる子」を変える『学び合い』の始め方!

なぜか仕事がうまくいく
教師の7つのルール

西川 純 [著]　A5判・並製・144ページ　定価=本体1,800円+税
ISBN978-4-313-65235-4

仕事のこなし方、自分のココロザシを実現する方法まで、仕事のルールを伝える1冊!

新任1年目を生き抜く
教師のサバイバル術、教えます

西川 純 [著]　A5判・並製・120ページ　定価=本体1,800円+税
ISBN978-4-313-65272-9

仕事をどんどん進める技術、職場で好かれる人になる技術など、新任1年目サバイバル術!

2020年 激変する大学受験!
～あなたの子どもは間に合いますか?

西川 純 [著]　四六判・並製・144ページ　定価=本体1,200円+税
ISBN978-4-313-66063-2

2020年にセンター試験廃止!　各大学の受験改革はすでに始まっている!
子どもの教育を考える上で読まずにすまされない必読の1冊!

実際のアクティブ・ラーニング

すぐ実践できる！
アクティブ・ラーニング　中学国語

西川 純 ［シリーズ編集］　菊池真樹子・原 徳兆 ［著］
A5判・並製・132ページ　　定価＝本体2,000円+税　　ISBN978-4-313-65320-7

すぐ実践できる！
アクティブ・ラーニング　中学数学

西川 純 ［シリーズ編集］　かわのとしお・髙瀬浩之 ［著］
A5判・並製・156ページ　　定価＝本体1,900円+税　　ISBN978-4-313-65317-7

すぐ実践できる！
アクティブ・ラーニング　中学理科

西川 純 ［シリーズ編集］　坂田康亮・阪本龍馬・高見聡・對比地覚 ［著］
A5判・並製・148ページ　　定価＝本体1,900円+税　　ISBN978-4-313-65315-3

すぐ実践できる！
アクティブ・ラーニング　中学社会

西川 純 ［シリーズ編集］　朝比奈雅人・後藤武志 ［著］
A5判・並製・148ページ　　定価＝本体1,900円+税　　ISBN978-4-313-65314-6

すぐ実践できる！
アクティブ・ラーニング　中学英語

西川 純 ［シリーズ編集］　伊藤大輔・木花一則・進藤豪人・細山美栄子 ［著］
A5判・並製・132ページ　　定価＝本体2,000円+税　　ISBN978-4-313-65319-1

の授業がすべてわかる！

すぐ実践できる！
アクティブ・ラーニング　高校数学

西川　純［シリーズ編集］　土屋美浩・水野鉄也［著］

A5判・並製・136ページ　　定価＝本体2,000円＋税　　ISBN978-4-313-65316-0

すぐ実践できる！
アクティブ・ラーニング　高校理科

西川　純［シリーズ編集］　大野智久・菊池篤［著］

A5判・並製・160ページ　　定価＝本体2,000円＋税　　ISBN978-4-313-65310-8

すぐ実践できる！
アクティブ・ラーニング　高校地歴公民

西川　純［シリーズ編集］　後呂健太郎・神谷一彦・関谷明典・棟安信博［著］

A5判・並製・140ページ　　定価＝本体1,900円＋税　　ISBN978-4-313-65313-9

以下、高校国語、高校英語を続刊として予定！

好評の既刊!

A5判・96ページ　定価＝本体1,300円+税

- ●大きな教育改革が始まっている!
- ●授業が変わる!　入試が変わる!　教師の役割が変わる!
- ●文部科学省の公文書から読み取れる今後の改革の動きと、これからの教師に求められるアクティブ・ラーニングの授業の基本を紹介!　すべての教師、必読の書!